①線路上に放置されて草むすのと鉄道ディーゼルカー
（第５章）

②夕張市街地付近に残る石勝線夕張支線の廃線跡。エゾシカがこちらを見ている（第５章）

③御殿場線の第二酒匂川橋梁（山北～谷峨）。列車の右側に、戦時中に撤去された複線部分の橋脚が残されているのが見える（第２章）

④大船渡線盛駅構内と停車するBRT。手前の1番線とバスが停車する2番線が、かつては列車の発着ホームだった（第4章）

⑤昭和38年に新線へと切り替えられて廃止された信越本線横川～軽井沢間の旧線トンネル内。現在は遊歩道として整備されている（第5章）

⑥トンネルあり、鉄橋ありの神岡鉄道跡を自転車型トロッコ「ガッタンゴー」で快走（第５章）

⑦小松市内で定期的に保存運転が行われている尾小屋鉄道のディーゼルカー（第３章）

中公新書 2810

小牟田哲彦著

日本鉄道廃線史

消えた鉄路の跡を行く

中央公論新社刊

まえがき

鉄道は、線路の上を走る。都市部のモノレールやゴムタイヤ式地下鉄など、若干の形態上の例外はあるが、他の通行者を想定しない排他的なインフラ施設を前提とする点は変わらない。自動車や歩行者が共用できる道路を前提とする自動車交通、私有の概念が存在しない海洋または河川を利用する船舶、そして発着空港以外の中間区間では地上や海上のインフラを必要としない航空との大きな違いである。

ひとたび鉄道を敷設すれば、その用地は鉄道の運行以外に使用できなくなる。線路の上を走る車両を個人が所有して自由に通行できるわけではないから、鉄道事業はさまざまな法令によって、建設から完成後の営業まで国の許認可の対象となっている。つまり、いったん開業したら、事業者が公的機関であれ民間企業であれ、自らの判断で勝手に運行を止めることはできない。鉄道が公共交通機関と呼ばれるゆえんであろう。

だが現実には、法令上の所定の手続きを経て粛々と廃止された路線は少なくない。そして、バス路線は廃止されても道路まで必然的に通行が禁止されるわけではないのに対し、鉄道の廃線は、その線路上を往来する交通手段の物理的消滅を意味する。莫大(ばくだい)な費用と長い年月をかけて建設された線路や橋梁（きょうりょう）、トンネルなどの鉄道施設は撤去されて姿を消すか、そのまま遺棄されて自然に回帰する。その光景には諸行無常の趣が漂い、見る者を感嘆させるが、廃止に追い込まれた不採算路線に公金が投入され続けてきた事実を冷静に振り返れば、急に現実に引き戻される。

明治以降、日本国内の主要な鉄道路線は官営鉄道として建設され、第2次世界大戦後は昭和62年（1987）まで国有鉄道（国鉄）として運行されていた。したがって、それ以前に開業していた路線はもとより、一部区間でも建設に着手していた路線には、何らかの形で国の公金が投入されていたことになる。私鉄であっても、国や地方自治体からのさまざまな公的支援を受けて、かろうじて営業運行が維持されるケースもある。

にもかかわらず、近年、国鉄を引き継いで発足したJR各社が、不採算路線の営業成績を相次いで公表している。各社とも「廃止を前提とする議論のための公表ではない」との見解を表明しているが、「この路線は現状のまま自社で維持するのが難しい」という苦しい訴えを含んでいる点は共通する。路線ごとに経営状況を数値化して、赤字を理由にその存続について議論するという手法は、かつての国鉄赤字ローカル線の存廃問題を彷彿（ほうふつ）とさせる。

令和の世を走る日本の鉄道は、このように、民間企業としての利益確保と公共交通機関としての鉄道の特性とのバランスをどのようにとっていくのかという、昭和末期に国全体で検討されたはずの問題点に再び直面している。人口の減少や社会活動のオンライン化などによって鉄道利用者そのものが全体的に減少する見込みもある中で、赤字の既設路線は廃止やむなしと見るべきか、それとも公的支援によって今後も存続させていくべきか――。そうした、今後の日本全体の交通ネットワークをどのように構築していくのか、という議論の前提として、過去の鉄道廃止の経緯を一定の視点から類型化しようと考えたことが、本書の着想の出発点である。

公共交通機関としての社会的使命を帯びて誕生し、日々走り続けた鉄道路線が、歳月を経て別の社会的要請に基づいて廃止された鉄道史の一端は、『鉄道と国家――「我田引鉄」の近現代史』（平成24年〔２０１２〕、講談社現代新書／〔新装改訂版〕令和5年〔２０２３〕、交通新聞社新書）や『「日本列島改造論」と鉄道――田中角栄が描いた路線網』（令和4年、交通新聞社新書）といった作品を通じて紹介したことがある。両書はいずれも、日本の鉄道が国策として形成され、発展してきた近現代の鉄道史をテーマにしている。本書のメインテーマである廃線は、日本の鉄道史の骨格を成している鉄道網の形成・発展とは真逆の事象と言える。

鉄道は、いったん廃止されればその後に復活することがほぼ不可能となる。国土交通ネットワークの形成過程において容易に後戻りできない結果を招く廃線の是非を巡る議論は、１５０年を超える日本の鉄道史に刻まれたさまざまな廃線の先例を踏まえたうえで行われることが重要ではないかと私は考えている。本書が、ささやかなその一助となれば幸いである。

目次

※本書に掲載している写真は全て著者の撮影です。

巻頭地図について

- 巻頭の地図は、以下のそれぞれの期間の主な廃線を太線で示した。
  - ①昭和16年（1941）〜昭和20年（1945）（主として戦中の不要不急路線）
  - ②昭和21年（1946）〜昭和39年（1964）（終戦から東海道新幹線開通・国鉄赤字転落まで）
  - ③昭和40年（1965）〜昭和57年（1982）
  - ④昭和58年（1983）〜平成２年（1990）４月１日（国鉄分割・民営化に伴う特定地方交通線の廃止）
  - ⑤平成２年（1990）４月２日〜平成11年（1999）（鉄道事業法改正以前）
  - ⑥平成12年（2000）〜令和６年（2024）３月31日
  - ⑦令和６年（2024）４月１日現在
- 貨物線・短絡線・専用線、地下鉄、路面電車、新交通システム（ゆりかもめ・ポートライナー等）、ガイドウェイバス（ゆとりーとライン）、リニアモーターカー（リニモ）、簡易軌道、殖民軌道、森林鉄道、ケーブルカー、ロープウェイ、リフト、航路は掲載しなかった。ただし、一部の地下鉄（神戸高速鉄道等）、軌道線（京王帝都等）については掲載した。
- BRT（バス・ラピッド・トランジット）は大船渡線・気仙沼線、日田彦山線のみ掲載した。
- 廃止年は、旅客営業の終了年で示した（路線の廃止年とは異なる場合がある）。

①昭和16年（1941）～昭和20年（1945）の廃線

━ 廃止、または休止後復活せず
━ 休止線（のちに復活）
┅ 単線化された区間

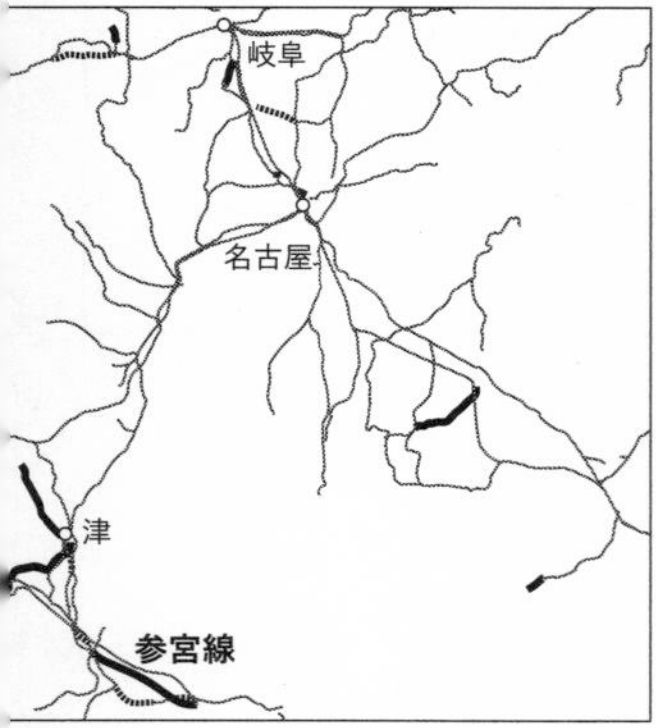

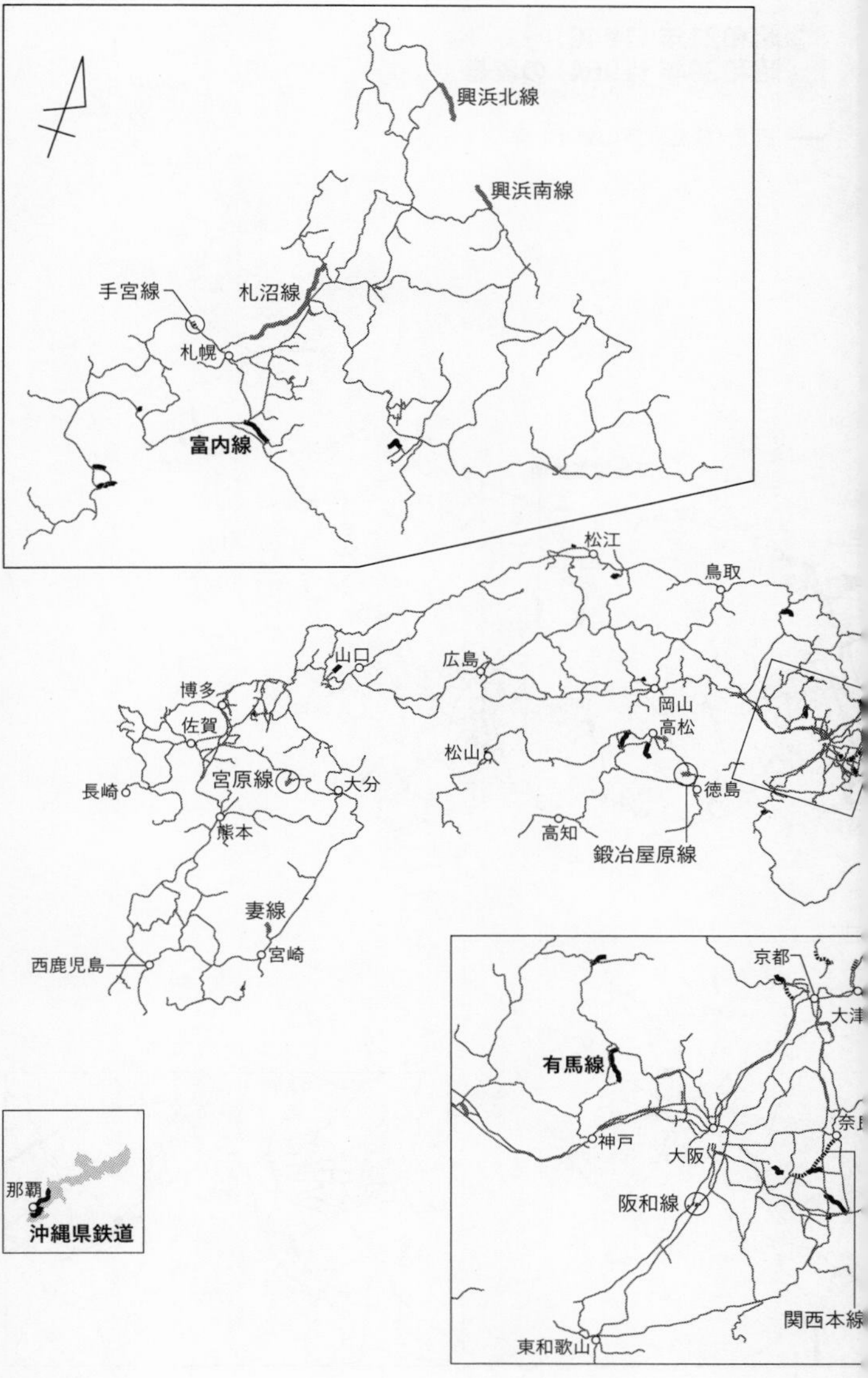
興浜北線
興浜南線
手宮線
札沼線
札幌
富内線
松江
鳥取
山口
広島
博多
佐賀
岡山
高松
松山
宮原線
大分
長崎
熊本
徳島
高知
鍛冶屋原線
妻線
宮崎
西鹿児島
京都
大津
有馬線
奈
神戸
大阪
阪和線
関西本線
東和歌山
那覇
沖縄県鉄道

②昭和21年（1946）～昭和39年（1964）の廃線

━ 廃止（旅客営業の終了）

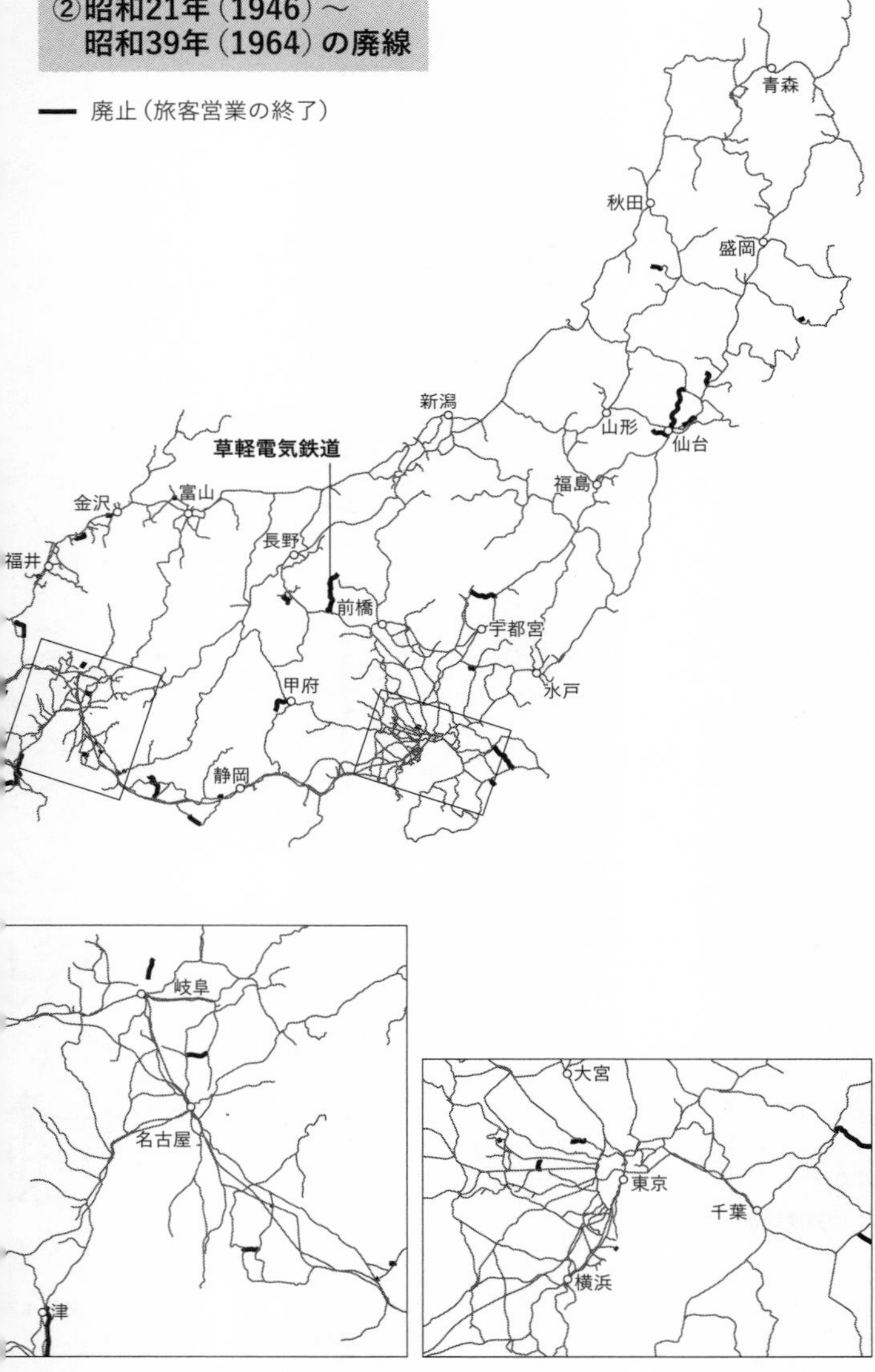

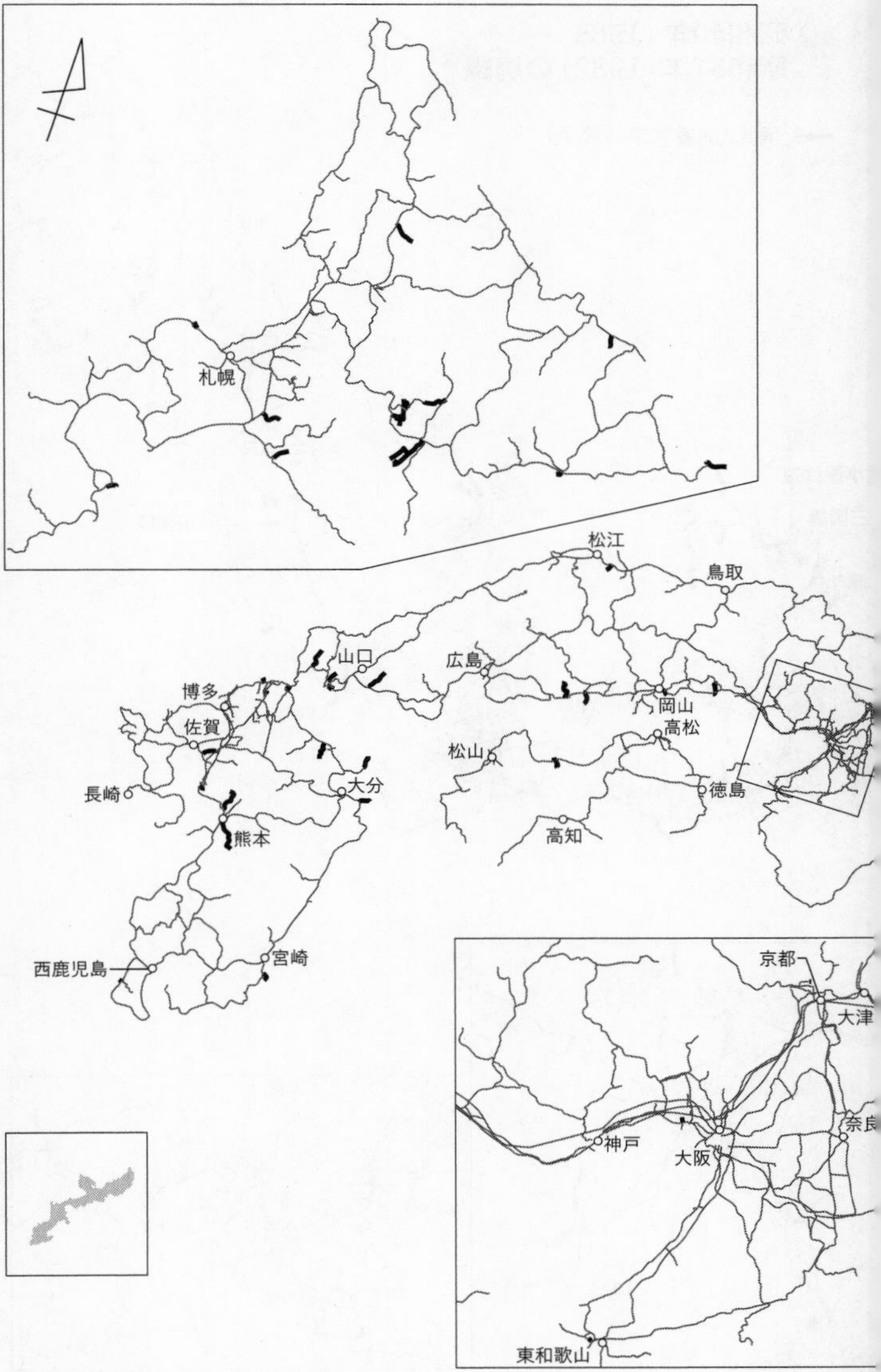
札幌
松江
鳥取
山口
広島
博多
岡山
佐賀
高松
松山
長崎
大分
徳島
熊本
高知
宮崎
西鹿児島
京都
大津
奈良
神戸
大阪
東和歌山

③昭和40年（1965）～昭和57年（1982）の廃線

━ 廃止（旅客営業の終了）

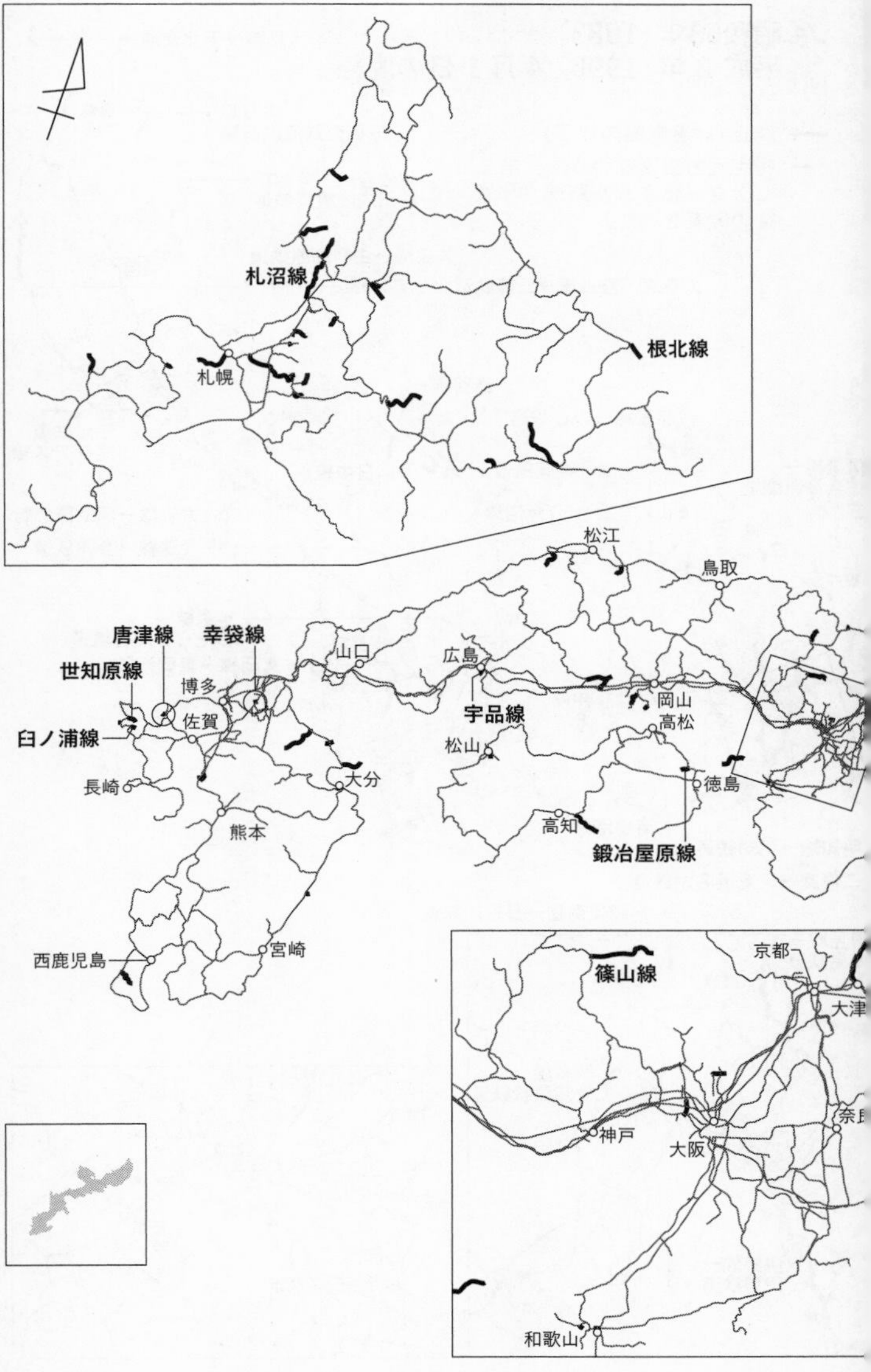
札沼線
根北線
札幌
松江
鳥取
唐津線
幸袋線
世知原線
山口
広島
博多
岡山
宇品線
高松
臼ノ浦線
佐賀
松山
長崎
大分
徳島
熊本
高知
鍛冶屋原線
宮崎
西鹿児島
篠山線
京都
大津
神戸
大阪
和歌山

④昭和58年（1983）～平成２年（1990）４月１日の廃線

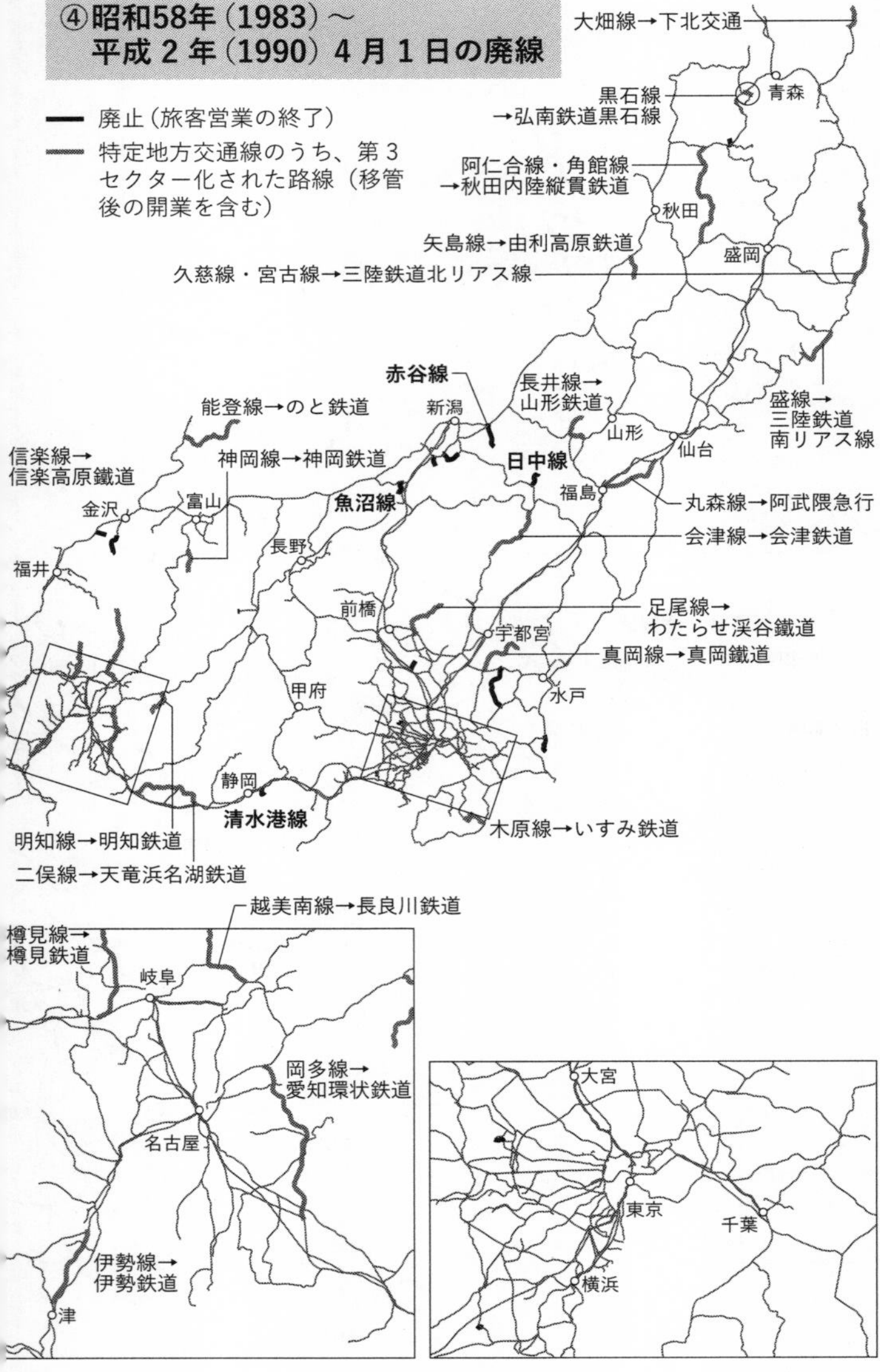

廃止（旅客営業の終了）
特定地方交通線のうち、第３セクター化された路線（移管後の開業を含む）
大畑線→下北交通
青森
黒石線→弘南鉄道黒石線
阿仁合線・角館線→秋田内陸縦貫鉄道
秋田
矢島線→由利高原鉄道
盛岡
久慈線・宮古線→三陸鉄道北リアス線
赤谷線
長井線→山形鉄道
盛線→三陸鉄道南リアス線
能登線→のと鉄道
新潟
山形
仙台
信楽線→信楽高原鐵道
神岡線→神岡鉄道
日中線
福島
金沢
富山
魚沼線
丸森線→阿武隈急行
会津線→会津鉄道
長野
福井
前橋
足尾線→わたらせ渓谷鐵道
宇都宮
真岡線→真岡鐵道
甲府
水戸
静岡
清水港線
木原線→いすみ鉄道
明知線→明知鉄道
二俣線→天竜浜名湖鉄道
越美南線→長良川鉄道
樽見線→樽見鉄道
岐阜
岡多線→愛知環状鉄道
名古屋
伊勢線→伊勢鉄道
津
大宮
東京
千葉
横浜

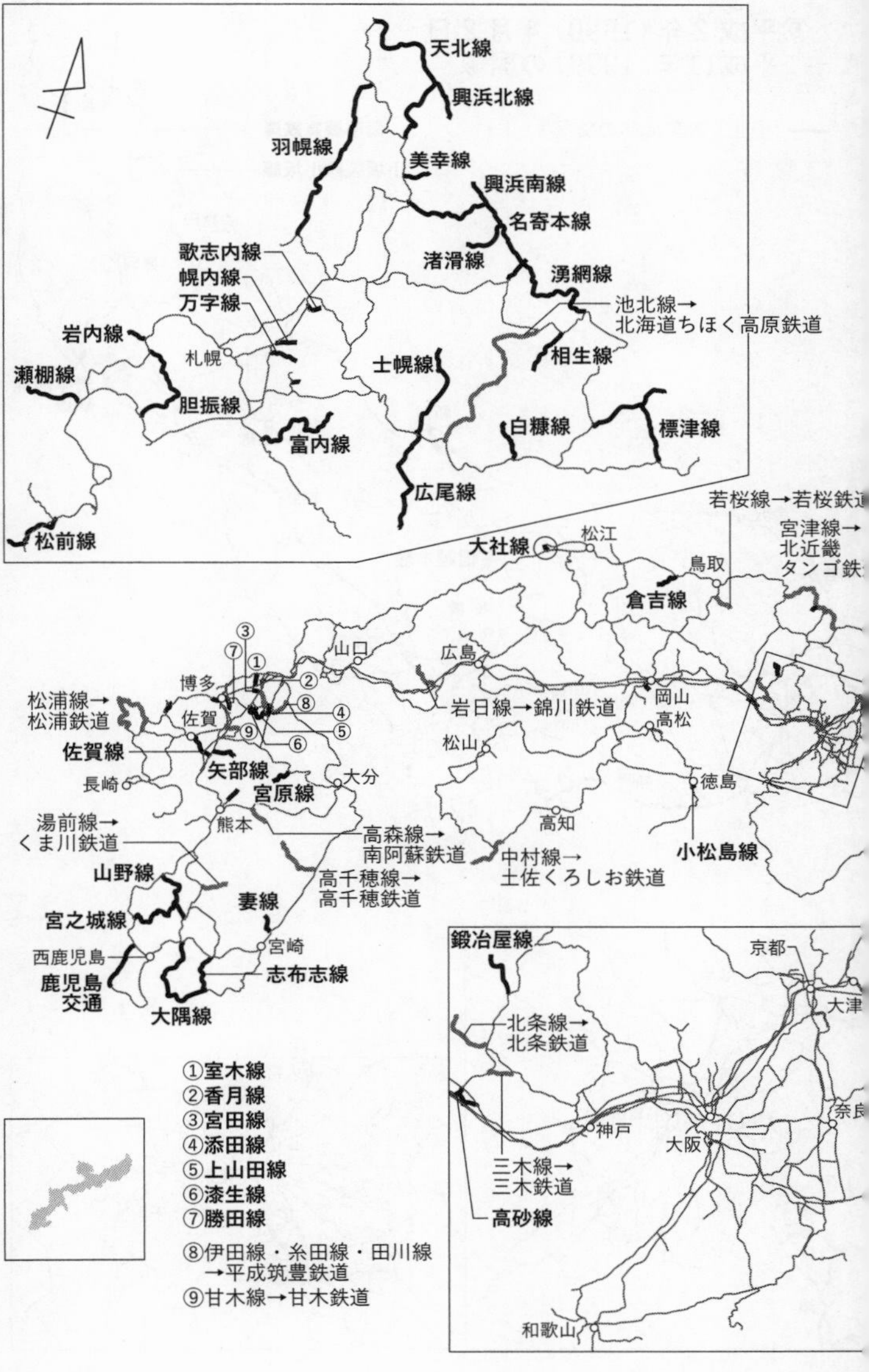
天北線
興浜北線
羽幌線
美幸線
興浜南線
名寄本線
渚滑線
歌志内線
幌内線
万字線
湧網線
池北線→
北海道ちほく高原鉄道
岩内線
札幌
相生線
瀬棚線
士幌線
胆振線
白糠線
標津線
富内線
広尾線
松前線
若桜線→若桜鉄
宮津線→
北近畿
タンゴ鉄
大社線
松江
鳥取
倉吉線
山口
広島
博多
松浦線→
松浦鉄道
佐賀
岩日線→錦川鉄道
岡山
高松
松山
佐賀線
矢部線
長崎
大分
宮原線
徳島
高知
湯前線→
くま川鉄道
熊本
高森線→
南阿蘇鉄道
中村線→
土佐くろしお鉄道
小松島線
山野線
高千穂線→
高千穂鉄道
妻線
宮之城線
宮崎
西鹿児島
志布志線
鹿児島
交通
大隅線
鍛冶屋線
京都
大津
北条線→
北条鉄道
神戸
大阪
三木線→
三木鉄道
高砂線
和歌山
①室木線
②香月線
③宮田線
④添田線
⑤上山田線
⑥漆生線
⑦勝田線
⑧伊田線・糸田線・田川線
→平成筑豊鉄道
⑨甘木線→甘木鉄道

⑤平成２年（1990）４月２日～平成11年（1999）の廃線

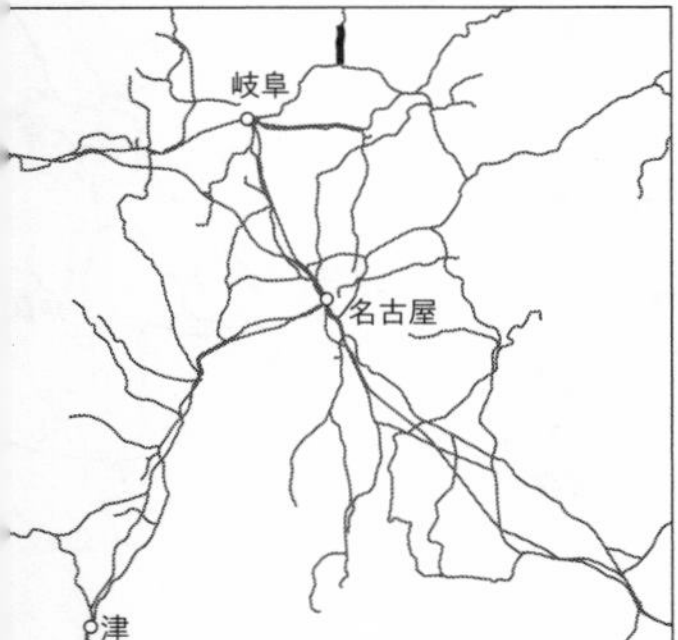

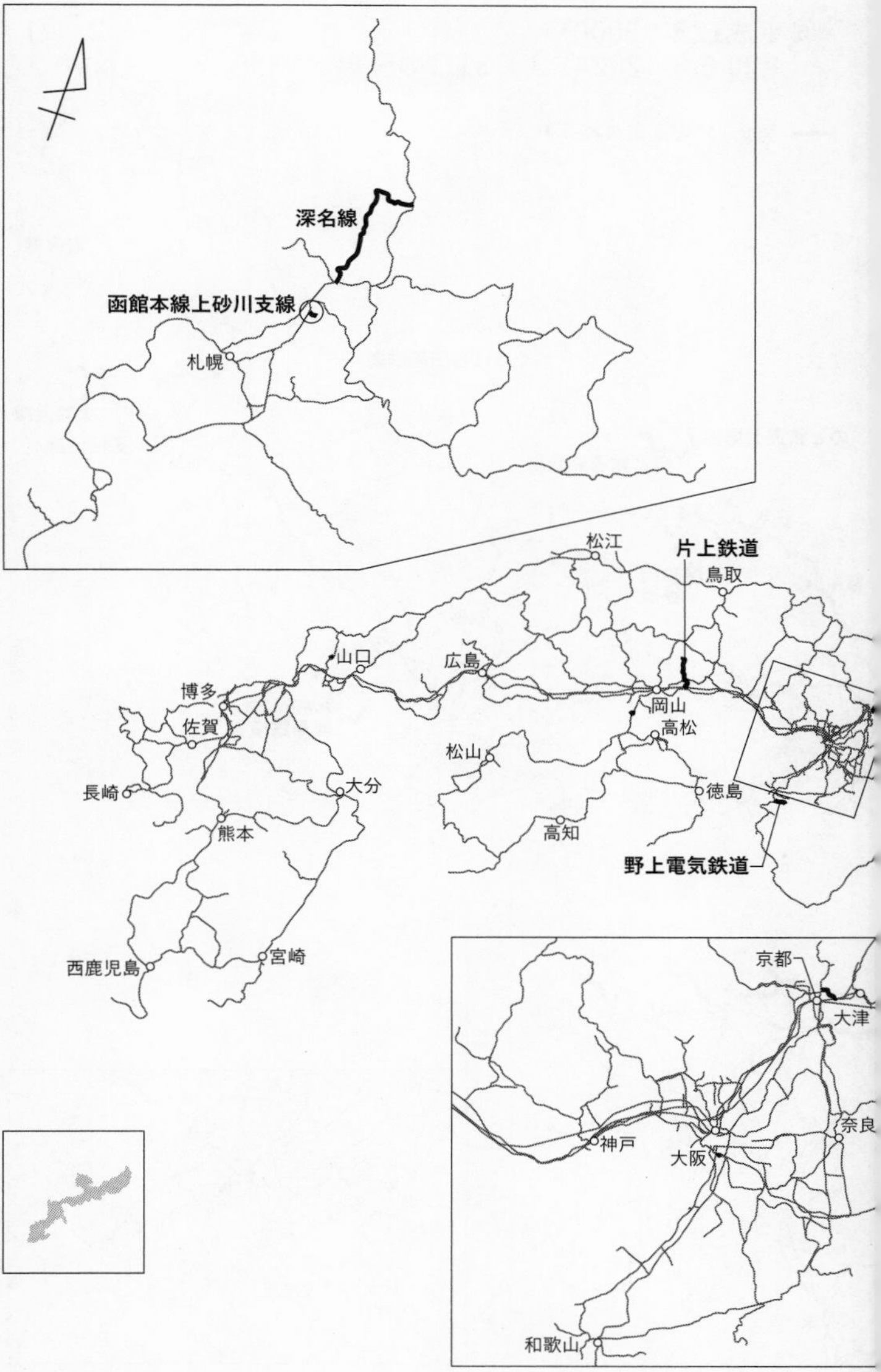
深名線
函館本線上砂川支線
札幌
松江
片上鉄道
鳥取
山口
広島
博多
岡山
佐賀
高松
松山
長崎
大分
徳島
熊本
高知
野上電気鉄道
宮崎
西鹿児島
京都
大津
奈良
神戸
大阪
和歌山

⑥平成12年（2000）～
令和６年（2024）３月31日の廃線

━ 廃止（旅客営業の終了）

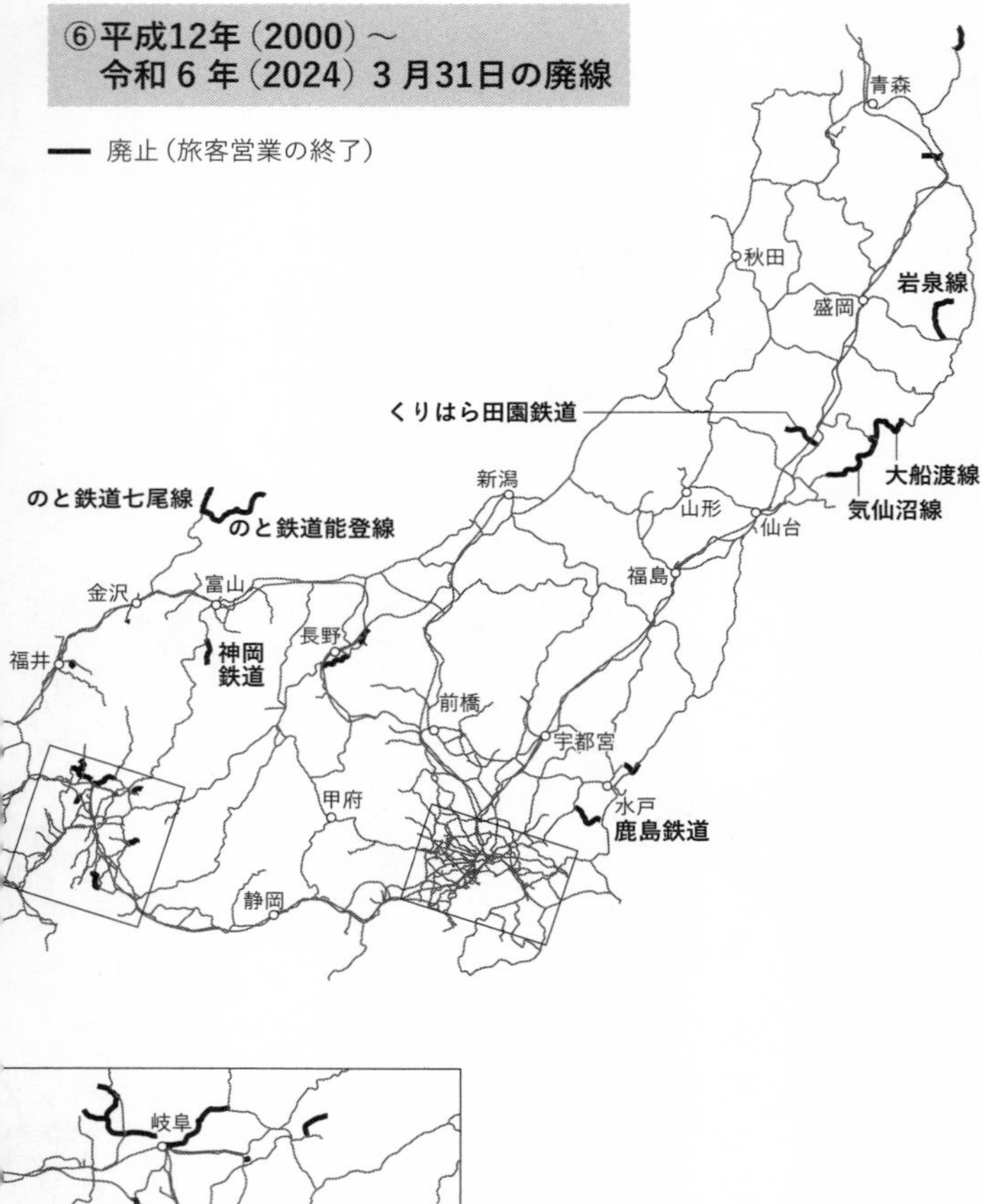

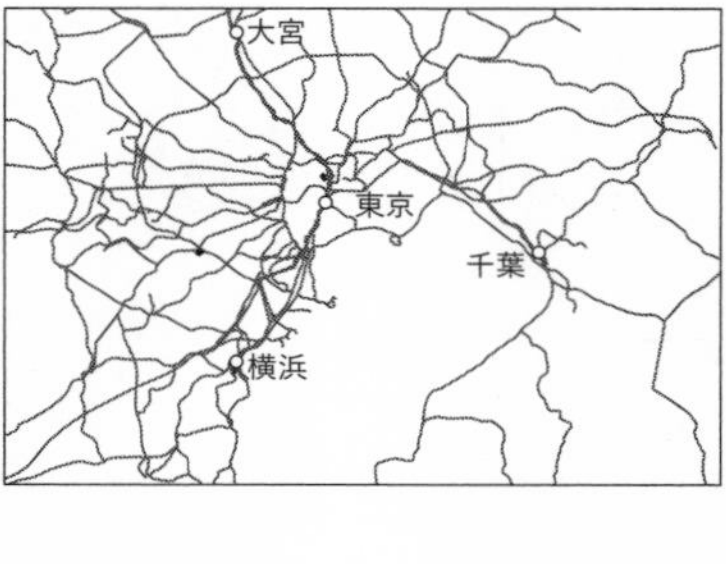

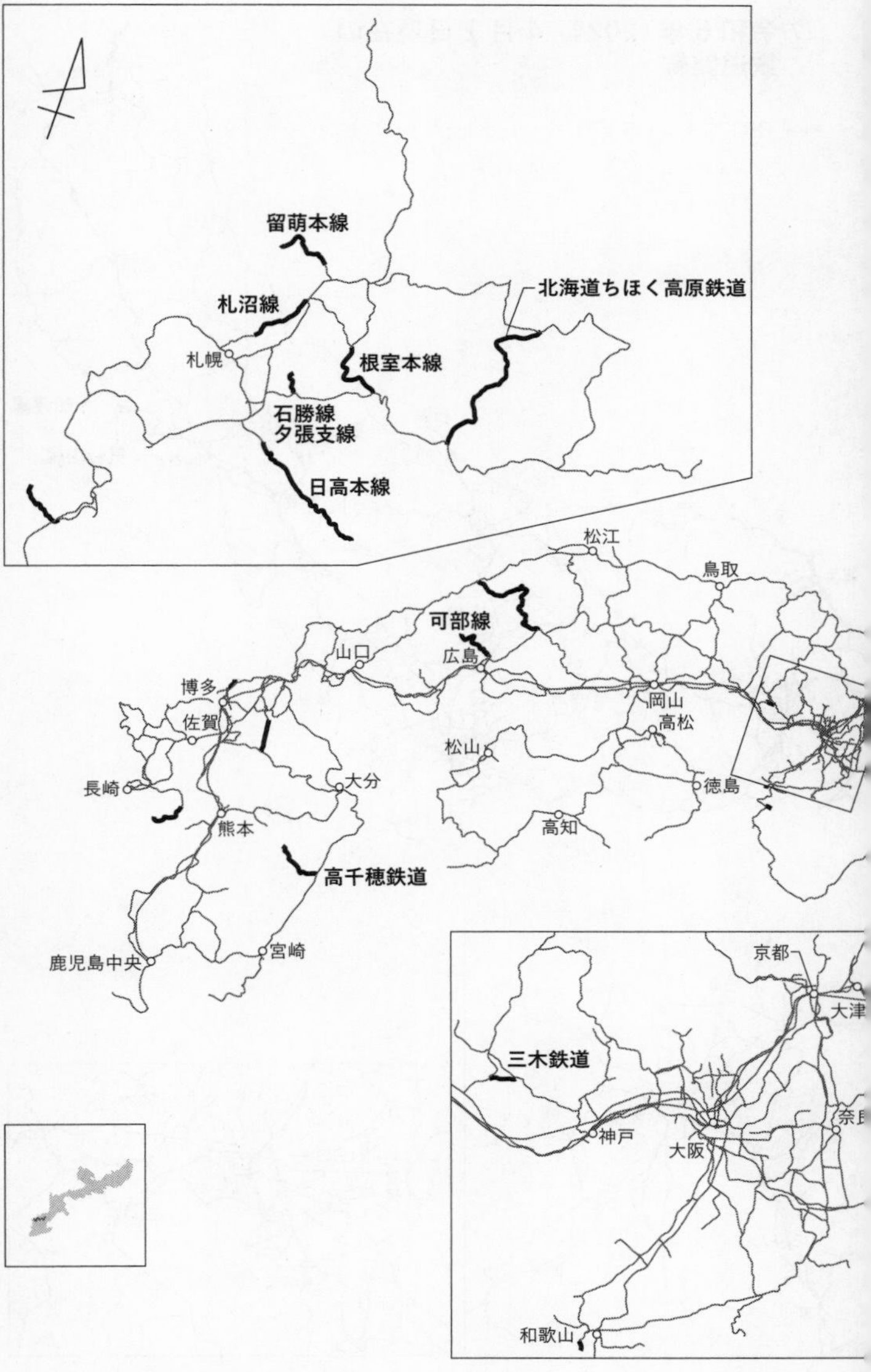

留萌本線
札沼線
北海道ちほく高原鉄道
札幌
根室本線
石勝線
夕張支線
日高本線
松江
鳥取
可部線
山口
広島
博多
岡山
高松
佐賀
松山
大分
徳島
長崎
熊本
高知
高千穂鉄道
宮崎
鹿児島中央
京都
大津
三木鉄道
神戸
大阪
和歌山

⑦令和６年（2024）４月１日現在の鉄道路線

—— BRT（バス・ラピッド・トランジット）

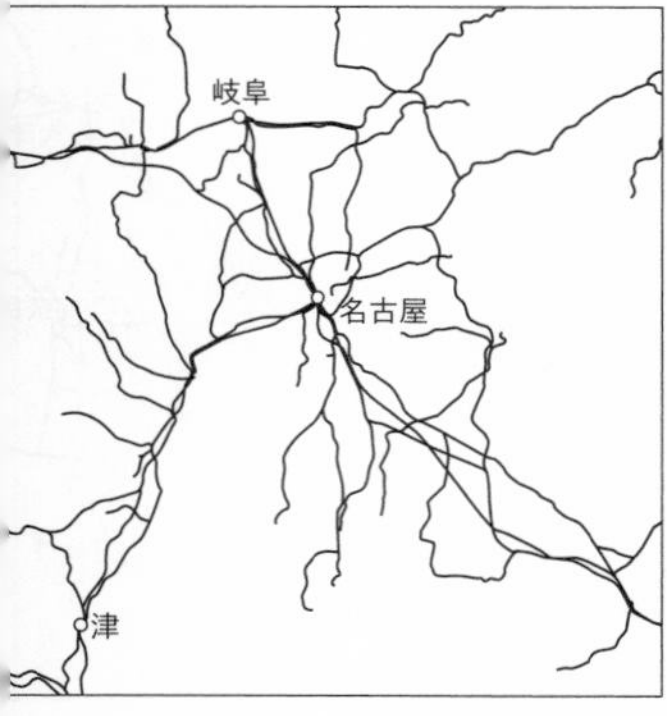

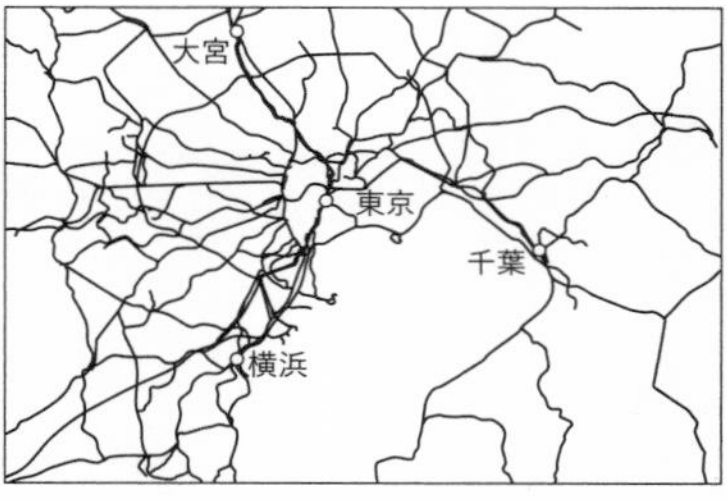

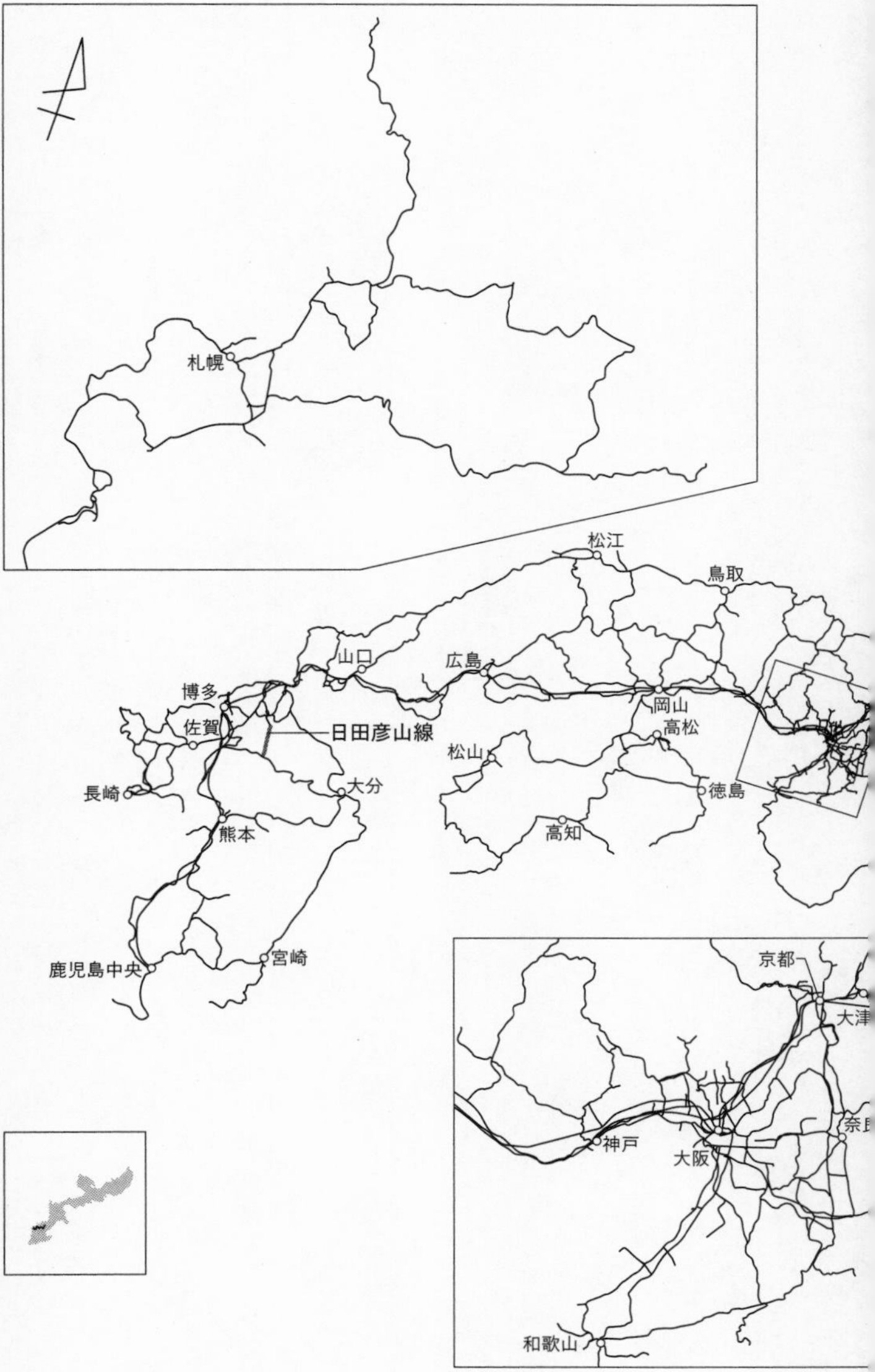

札幌
松江
鳥取
山口
広島
博多
岡山
佐賀
日田彦山線
高松
松山
大分
長崎
徳島
熊本
高知
宮崎
鹿児島中央
京都
大津
奈良
神戸
大阪
和歌山

第一章　鉄道を廃止するということ

1　日本の廃線事情

鉄道は将来の廃止を想定しないインフラだった

インフラ施設は、社会生活や産業活動上の必要があるから造られる。その必要性や有用性は、基本的には長期にわたって継続する性質を持つ。

ひとたび造られたインフラ施設の所有者や管理者が、短期的な視点から「必要がなくなったから」「お金がかかるから」と自主的に判断して簡単に投げ出してしまっては、社会に大きな悪影響を及ぼすことになりかねない。人々の生活を支える大規模なインフラ施設の多くが、公共機関や公的性格が強い団体・企業によって管理されたり、さまざまな制度上の規制の下に置かれたりするのは、インフラ施設の安定的な稼働や利用を保障することが社会の安定や発展の

前提となる、という考えに基づくからである。

鉄道は、そうしたインフラ施設の代表例と言える。鉄道という交通機関は、自然の河川や海を利用する船舶や、多目的に使用される公道を走る自動車と異なり、陸上に専用の線路を敷設して独占的に使用する。そうしてできた鉄道が沿線の発展や遠隔地間の物流を促進し、人の流れを作り、時には軍事活動をも円滑にするほどの強大な力を持っていることは、世界の近現代史が証明している。

したがって、日本はもとより世界中どこの国でも、鉄道の建設や営業には一定の行政手続きを要する。日本では国鉄は民営化されたが、鉄道を国有の交通機関とする国は今も少なくない。もちろん、どの国でも、事業者が勝手に鉄道事業を廃止することはできない。極論すれば、鉄道は、洋の東西を問わず、将来の事情変動によって廃止される可能性を基本的に想定していない交通機関ということになる。

使い道がない線路跡

もっとも、当初は多くの人々の生活を支え、社会活動の発展に貢献した鉄道路線も、長い年月が流れるうちに沿線の人口動態や産業活動のあり方が変化し、あるいは技術革新による鉄道以外の競合交通手段が発達することによって、沿線住民の生活にも社会全体の経済活動にもほとんど貢献できなくなってしまうケースは当然、生じ得る。そうした鉄道路線をいつまでも公共のインフラ施設として維持し、営業し続けることは、逆に社会経済にとってマイナスとなる。そこで、やむなく廃線という対応が選択肢の中に入ってくる。

鉄道の廃線が厄介なのは、廃止された鉄道施設の再活用が難しいことだとされる。一ヵ所にまとまって存在する建造物などであれば、どんなに規模が大きくても、解体して更地にしてしまえば新たな用途に転用しやすい。だが鉄道施設の場合、市街地にある駅の敷地は再開発しやすいが、細長い線路の跡は幅広の道路に切り替えられるとは限らない。

特に日本では、鉄道路線が廃止されるときは代替交通機関となるバスがスムーズに走れる道路がすでに並行していることが多いので、ほとんど同じ場所を走っていた単線用の鉄道線路を無理に自動車道路へと転用しても、画期的な有用性は発揮されにくい。建設時には困難を極めて貫通させたはずのトンネルは、廃線後はたいていの場合何の役にも立たず、山野に放置されることも少なくない。鉄道好きで知られる作家の内田百閒は、東海道本線の焼津付近で列車が走らなくなった旧トンネルについて「東京へ持つて来て、何とかしたい」と書いたうえで、でもどうにもならないので、「くやしかつたら井戸の穴を背負つて来い」という故郷・岡山の喧嘩言葉を引用して匙を投げている（「雷九州阿房列車　前章」より。『第二阿房列車』所収）。

鉄道事業への新規参入規制と廃線規制は一体

現在の日本では、鉄道会社が営業中の鉄道路線を廃止するには、鉄道事業法という法律が定める手続きに則る必要がある。鉄道事業法は国鉄が分割・民営化されるにあたり、それまで日本の鉄道事業を根拠づけていた日本国有鉄道法や地方鉄道法などに代わって制定され、昭和62年（1987）に施行された。

国が鉄道事業について法律であれこれ定めているのは、鉄道は公共交通機関としての性格を持ち、その運営は公益性が高いことから、完全な自由競争下での営業に委ねるのではなく国がコントロールすべき、という発想に基づいている。もともと明治初期に鉄道事業の発展に尽力した井上勝は、産業革命以降、私鉄が主流だった欧米の鉄道事業が計画的な国土開発に弊害を生じさせている実態を踏まえて、鉄道官設主義を強く唱えていた。戦前は鉄道省という官庁があり、鉄道大臣という国務大臣も存在した。戦後も国鉄が長く全国の鉄道事業を担っていた。その国鉄が民営化されても、鉄道事業の公益性が大きく変わるわけではないため、国のコントロールは新たな法律（鉄道事業法）へと引き継がれたのだ。

ただし、そのコントロールのあり方は、平成12年（2000）の同法改正によって大きく変わった。鉄道事業の廃止に関する手続きも、その改正時に変更されている。この改正によって、鉄道事業への参入は免許制から許可制へと変わった。

それまでは、鉄道事業では需給調整規制、つまり交通上の需要に比べて供給が多すぎてバランスを失すると国が判断した場合は新規参入を認めない（＝免許を与えない）、という規制が存在していた。これによって鉄道事業者同士の過当競争を回避し、鉄道事業が適切かつ安定的に運営されることによって輸送の安全を確保し、鉄道利用者の需要を満たすことが目的であった。ただし、新規参入に高いハードルが課されている代わりに、鉄道事業を廃止する際にも同法に基づく国の許可が必要とされていた。「公衆の利便が著しく阻害されるおそれがある」という改正前の同法の要件に該当すると判断できる場合には、運輸省（現・国土交通省）は鉄道事業の廃止をやめさせることもできたのだ。つまり、鉄道会社がある路線が営業不振だから鉄道をやめて自社運営のバスに切り替えたいと考えても、国が許可しなければ勝手に鉄道事業から撤退することはできなかった。新規参入が厳しいことと、事業撤退が自由にできないことがセットになっていたのである。

その鉄道事業への新規参入が免許制から許可制に切り替わったということは、国による需給調整規制が廃止されたことを意味する。つまり、一定の条件をクリアすれば誰でも鉄道事業に新規参入する許可が得られることになったのだ。いわゆる規制緩和の一環であり、日本の交通政策の大きな転換であった。

明治以来、公共交通の主役は長く鉄道であり続けたが、現代ではバスや航空機のネットワークが発達し、自家用車も広く普及している。そういう時代に鉄道事業者間だけで需給調整をしても意味がないし、複数の鉄道事業者の間で過当競争が起こって共倒れになる、ということも考えにくい。そうであれば、むしろ、異なる交通事業者との間での自由競争を促進したほうが利用者にとってメリットが大きい、という考え方が強くなっていた。

ちなみに、この鉄道事業法の改正が行われた当時は、交通分野全体で規制緩和が進行していた時期でもある。鉄道事業より目立っていたのは航空分野で、スカイマークエアラインズ（現・スカイマーク）やエア・ドゥ（北海道国際航空）が国内線に新規参入したのは平成10年。需給調整規制が撤廃された改正航空法が施行されたのは平成12年2月で、鉄道事業法の改正法施行のわずか1ヵ月前のことだった。鉄道事業法の改正は、こうした国策としての交通政策の転換の一環だったと言えよう。

鉄道事業から撤退しやすくなった

鉄道事業への新規参入規制は事業撤退に対する規制とセットだったから、前者の手続きが簡素化されると同時に、後者の規制緩和も行われた。すなわち鉄道事業法の改正法は、鉄道事業からの撤退を許可制から事前届出制へと変更したのだ。「鉄道事業者は、鉄道事業の全部又は一部を廃止しようとするとき（当該廃止が貨物運送に係るものである場合を除く。）は、廃止の日の一年前までに、その旨を国土交通大臣に届け出なければならない」という、現在の鉄道事業法第28条の2第1項がそれである。

この条文によって、鉄道会社が「この路線の営業をやめます」といってとにかく国へ届け出れば鉄道路線の営業をやめることができ、国にそれを止める権限はないこととなった。同条は第2項で、廃止を届け出る場合には「関係地方公共団体及び利害関係人の意見」、つまり地元の意見を聞くことを求めているが、どんな意見であってもそれを「聴取」する手順を経ればよいのであって、仮にその意見が「廃線反対」であってもその意向を受け入れる義務はなく、地元の同意を得ることは届出の前提条件とはなっていない。当該路線の地元住民や関係自治体などの立場からすると、単に「廃止反対」を叫んでいるだけでは、営業不振路線の廃線は止められないということになる。

もちろん、法律上の建前は鉄道会社の廃線手続きを容易にしていると言っても、実際には、その鉄道会社が企業として解散を考えているような場合でもない限り、他の路線や鉄道以外の事業への悪影響を考慮すれば、地元の意向を全く無視して鉄道を廃止するという行動に出ることは考えにくい。ただ、手続きの簡素化によって、営業不振路線を抱える鉄道会社が経営再建の手段として廃線を選択しやすくなったことは事実である。

そのことは、鉄道路線の廃止に関する数値の変遷データからも読み取ることができる。日本国内の鉄道路線の開業や廃止の事実は、国土交通省鉄道局の監修による『鉄道要覧』という書籍に毎年掲載されるのだが、その内容を年ごとに比較してみると、平成12年（2000）以前の5年間に廃止された旅客営業路線は全国で1年あたり平均1・8線区にとどまっていたのに、鉄道事業法が改正された翌年、つまり平成13年以降の5年間では1年あたり4・4線区が廃止されている。なかでも平成17年には、一気に5社8線区もの旅客路線が廃線になっているのだ（表1）。

平成13 (2001)	のと鉄道	七尾線	穴水～輪島	20.4	平13.4.1.	JR西日本が第3種鉄道事業者
	下北交通	大畑線	下北～大畑	18.0		元・特定地方交通線（国鉄大畑線）
	名古屋鉄道	揖斐線	黒野～本揖斐	5.6	平13.10.1.	
		谷汲線	黒野～谷汲	11.2		
		八百津線	明智～八百津	7.3		
		竹鼻線	江吉良～大須	6.7		
平成14 (2002)	長野電鉄	河東線	信州中野～木島	12.9	平14.4.1.	
	南海電気鉄道	和歌山港支線	和歌山港～水軒	2.6	平14.5.26.	和歌山県が第3種鉄道事業者
	南部縦貫鉄道	—	野辺地～七戸	20.9	平14.8.1.	平成9年より休線
	京福電気鉄道	永平寺線	東古市～永平寺	6.2	平14.10.21.	
平成15 (2003)	ドリーム開発	ドリームランド線	大船～ドリームランド	5.3	平15.9.18.	昭和42年より休線
	JR西日本	可部線	可部～三段峡	46.2	平15.12.1.	可部～あき亀山は平成29年に復活
平成16 (2004)	名古屋鉄道	三河線	碧南～吉良吉田	16.4	平16.4.1.	
			猿投～西中金	8.6		
平成17 (2005)	名古屋鉄道	揖斐線	忠節～黒野	12.7	平17.4.1.	
		岐阜市内線	岐阜駅前～忠節	3.7		軌道
		美濃町線	徹明町～関	18.8		軌道
		田神線	田神～競輪場前	1.4		軌道
	のと鉄道	能登線	穴水～蛸島	61.0		元・特定地方交通線（国鉄能登線）
	日立電鉄	日立電鉄線	常北太田～鮎川	18.1		
	屋島登山鉄道	鋼索線	屋島登山口～屋島山上	0.8	平17.8.31.	
	伊豆箱根鉄道	駒ヶ岳鋼索線	駒ヶ岳登り口～駒ヶ岳頂上	0.7	平17.9.1.	

表1　平成2年（1990）～平成17年（2005）の営業廃止路線
貨物線、ルート変更等による部分廃止、及び他社への移管による営業継続区間を除く
各年度の『鉄道要覧』より著者作成

年度	事業者名	路線名	区間	キロ程（km）	廃止年月日	備考
平成2（1990）	下津井電鉄	下津井線	下津井～児島	6.3	平3.1.1.	
平成3（1991）	同和鉱業	片上鉄道線	片上～柵原	33.8	平3.6.30.	
	新潟交通	—	白山前～東関屋	2.6	平4.3.20.	白山前～東関屋は軌道
平成4（1992）	函館市	東雲線	宝来町～松風町	1.6	平4.4.1.	軌道
	西日本鉄道	北九州線	砂津～黒崎駅前	12.7	平4.10.25.	軌道
平成5（1993）	南海電気鉄道	天王寺支線	今池町～天王寺	1.2	平5.4.1.	
	大阪観光	—	山下～山上	0.1	平5.7.31.	
	新潟交通	—	月潟～燕	11.9	平5.8.1.	
	函館市	宮前線・本線	五稜郭公園前～ガス会社前～函館駅前	3.6	平5.4.1.	軌道
平成6（1994）	野上電気鉄道	野上線	日方～登山口	11.4	平6.4.1.	
	JR北海道	函館本線	砂川～上砂川	7.3	平6.5.16.	
平成7（1995）	JR北海道	深名線	深川～名寄	121.8	平7.9.4.	
平成8（1996）	JR西日本	片町線	京橋～片町	0.5	平9.3.8.	
平成9（1997）	JR西日本	美祢線	南大嶺～大嶺	2.8	平9.4.1.	
	JR東日本	信越本線	横川～軽井沢	11.2	平9.10.1.	
平成10（1998）	弘南鉄道	黒石線	川部～黒石	6.2	平10.4.1	元・特定地方交通線（国鉄黒石線）
平成11（1999）	名古屋鉄道	美濃町線	関～美濃	6.0	平11.4.1	軌道
	新潟交通	新潟交通線	東関屋～月潟	21.6	平11.4.5	
	蒲原鉄道	蒲原鉄道線	五泉～村松	4.2	平11.10.4	
平成12（2000）	西日本鉄道	北九州線	黒崎駅前～折尾	5.1	平12.11.26	
	小田急電鉄	向ヶ丘遊園モノレール線	向ヶ丘遊園～向ヶ丘遊園正門	1.1	平13.2.1.	

データ上では明らかに、廃止手続きが許可制だったその前の5年間に比べて、届出制になった後の5年間のほうが、廃止路線の発生頻度が高くなっている。鉄道が廃線に至る原因には沿線の人口動態や経済事情などさまざまな要素が絡み合うが、この廃止路線数の変動実績を見る限り、平成12年の手続きの簡素化は廃止路線の増加に一定の影響を及ぼしていると言えよう。

2　鉄道事業の分類

鉄道路線の「廃止」の意味や事業の形態は複数ある

平成12年（2000）の鉄道事業法改正によって廃線が生まれやすくなったとはいえ、同法に基づく鉄道事業の「廃止」が全て「廃線」を意味するわけではない。鉄道としての機能を物理的に停止して、バス等の代替交通手段に転換される場合は文字通り線路の廃止、つまり「廃線」となるが、法的にはある特定の事業者が鉄道事業を「廃止」しても、その路線が別の事業者へ移管されて営業が引き継がれれば、鉄道路線としての実態は存続することになる。どちらも鉄道事業法上は「廃止」にあたるのだが、「鉄道路線が廃止される」と言われて一般的に想定されるのは前者であろう。

鉄道路線の「廃止」の意味だけでなく、「廃止」の対象となる「鉄道事業」の形態にも複数の種類がある。昭和62年（1987）の国鉄分割・民営化までは、地方鉄道法によって鉄道の建設と運営は全て同じ事業者が行う建前となっていたが、地方鉄道法に代わって施行された鉄道事業法は、この建設と運営を切り離す概念を採り入れた。

その結果、日本には3種類の鉄道事業形態が存在することとなり、現在に至っている。法律上は第1種鉄道事業、第2種鉄道事業、第3種鉄道事業と無機質に分類され、名称からはどんな違いがあるのかさっぱりわからないが、近年の赤字ローカル線問題の議論で頻繁に出てくる「上下分離方式」という鉄道事業の運営形態は、昭和62年にこの分類が生まれたことによって初めて成立することになった考え方である。本書は鉄道関係の法律上の細かな概念について理解を深めることが主たる目的ではないのだが、国鉄の分割・民営化以降の廃線史を顧みるうえでは、この鉄道事業の分類の概要は知っておく必要がある。

第1種鉄道事業が鉄道整備の基本モデル

第1種鉄道事業とは、「自らが鉄道線路を敷設し、運送を行うとともに、自己の線路容量に余裕がある場合に第2種鉄道事業者に使用させることができる事業」（前掲『鉄道要覧』より）をいう。小難しい言い回しだが、前段は、鉄道事業者が鉄道施設を自力で建設し、かつ自ら営業運行を行う我が国の伝統的な鉄道事業形態そのものを指す。

後段は、線路を敷設した事業者が、他の鉄道事業者に対して、自社の線路を使って旅客営業や貨物営業を行わせることを指す。やや強引なたとえとしては、店子（たなこ）に鉄道営業という事業をすることを認める大家のようなもの、と形容すればわかりやすいだろうか（ただし、両鉄道事業者間が賃貸借契約で結ばれているわけではない）。

線路の敷設から営業までを一体的に行う第1種鉄道事業は、鉄道事業法制定以前の地方鉄道法時代から続く従来型の事業形態として不文慣習的に受け継がれているだけではなく、鉄道事業の形態はこれが原則であるべきだという国の基本方針が存在する。運輸省内に設置されていた大臣諮問機関である運輸政策審議会（現・交通政策審議会）が平成12年（2000）に出した、「中長期的な鉄道整備の基本方針及び鉄道整備の円滑化方策について～新世紀の鉄道整備の具体化に向けて～」という答申がそれだ。

この答申は「今後の鉄道整備の支援方策のあり方」という章の冒頭で、「我が国における鉄道という社会資本の供給、すなわち鉄道整備の系譜について、明治以降今日に至るまでの100有余年」の鉄道史においては、「受益と負担の関係に着目すると、いずれの時代においても、基本的には、利用者負担により整備に要する費用を賄うことで収支採算性を確保することが原則」であったと指摘している。そして、国鉄が破綻に至った原因として「収支採算性を軽視した鉄道整備が頻繁に行われた」ことを挙げたうえで、「国鉄改革以降の近年の鉄道整備は、JRを含めた民間鉄道事業者が収支採算性の確保を前提として必要な鉄道を整備していくこと」が基本であることを確認している。

「利用者負担により整備に要する費用を賄うことで収支採算性を確保する」とか「民間鉄道事

業者が収支採算性の確保を前提として鉄道を整備する」ということは、線路を造った事業者自身が自らその後の鉄道営業によって整備費用を回収する事業形態、つまり第1種鉄道事業のあり方が原則である、と解釈できる。この答申が出されたのは鉄道事業法の改正（需給調整規制の廃止）からわずか5ヵ月後であり、民間鉄道事業者の主導による鉄道整備を推し進める考え方が具現化しつつある時期だった影響も受けているように思われる。

さらに、同じ章の後半にある「（今後の鉄道）整備の方式に関する基本的考え方」という項目では、「民間主導により鉄道整備を推進することを基本としつつも、政策的に特に重要なプロジェクトについては、公的主体が適切に民間鉄道事業者の役割を補完するため、現行の、第三セクターに対する補助等を通じた支援という形で積極的に関与する方式も必要に応じ活用することが必要である」とするとともに、「公的主体の主導性がより強いものとして、地方公営企業による第一種鉄道事業としての鉄道整備は、引き続き有効な方式と考えられる」との見解を示している。日本の鉄道整備のあり方として第1種鉄道事業の形態を原則としてきた国の伝統的な考え方が、ここからも読み取れる。

JR貨物の大部分にあたる第2種鉄道事業

第2種鉄道事業の定義は、鉄道事業法の条文がわかりやすい。同法第2条第3項は「自らが敷設する鉄道線路（他人が敷設した鉄道線路であって譲渡を受けたものを含む。）以外の鉄道線路を使用して鉄道による旅客又は貨物の運送を行う事業」がそれにあたる、と定めている。要するに、自前の線路を持たず、他社の線路に列車を走らせて鉄道事業を行う会社のことである。前述の第1種鉄道事業に関する説明部分で用いた「店子に鉄道営業という事業をすることを認める大家のようなもの」というたとえ話にあてはめると、第2種鉄道事業者は店子に該当することになる。

第2種鉄道事業者の代表的存在はJR貨物と言えるだろう。国鉄の分割・民営化によって日本の鉄道網は6つの地域に分割されたが、貨物事業はどの旅客会社からも切り離されて、全国一元の鉄道貨物事業を営むことになった。そのため、港湾部や工業地帯にあるような一部の貨物専用線を除き、JR貨物が運行する列車はJRの各旅客会社が保有する線路を走るのが一般的である。

一つの鉄道事業者が、ある路線では第1種鉄道事業を行い、別の路線では第2種鉄道事業を行うこともある。たとえば成田(なりた)空港への直通特急（スカイライナー）を運行する京成電鉄は、自社路線から成田空港までの2・1キロの区間は成田空港高速鉄道という別会社が保有する線路を使用している。同区間の旅客営業は自社区間と一体で行われ、運賃設定も区別されていないので、一般の利用者は京成電鉄の路線の一部と認識しやすいが、正確にはこの区間は京成電鉄のものではない。

なお、鉄道事業法以前から現在まで続く列車運行の形態として、A社とB社で相互に直通列車が乗り入れるケースがある。東京のＪＲ総武(そうぶ)線・中央線と東京メトロ（以前は営団地下鉄）東西線との間で国鉄時代から行われている相互乗り入れがそれにあたる。「他社の線路を自社の車両が走っている」、もしくは「自社の車両が他社の線路を走っている」ことにはなるが、これらは車両の直通を会社相互に認めているだけであり、直通車両が乗り入れ先の路線で鉄道事業そのものを営んでいるわけではないので、第２種鉄道事業とは異なる。

三沢(みさわ)付近を走る青い森鉄道（平成23年）

「上下分離方式」と第３種鉄道事業

第３種鉄道事業の定義は、再び前掲の『鉄道要覧』によれば、「鉄道線路を敷設して第１種鉄道事業者に譲渡するか、又は、第２種鉄道事業者に使用させる事業で自らは運送を行わない」事業を指す。「自らは運送を行わない」ことから、鉄道会社だけでなく、地方自治体が線路などの鉄道施設を財産として保有し、別の鉄道会社を第２種鉄道事業者として列車の運行を委ねるといったことが可能になる。

青森県の青い森(あおいもり)鉄道（23ページ地図参照）は、その典型的な例と言えよう。東北(とうほく)新幹線が盛岡以北へ延長開業した際に、並行在来線（第五章で詳述）である東北本線がＪＲから切り離されることによって誕生した第３セクター鉄道だが、線路などのインフラ施設は青森県が第３種鉄道事業者として保有している。青い森鉄道は第２種鉄道事業者としてその線路に列車を走らせて鉄道事業を営む立場にある。実際に列車に乗ってみればどこを見ても「青い森鉄道」という鉄道会社の趣きで、地方自治体である青森県が運営している〝青森県営鉄道〟の雰囲気は全く感じられない。

このように、線路など鉄道のインフラ施設の維持・管理を担う事業者と、その線路の上を走る列車の運行を担う事業者を別々にする仕組みが、鉄道事業の「上下分離方式」である。これに対して、同一の事業者がインフラ整備から列車の運行まで全てを担う従来型の鉄道事業のあり方は「上下一体方式」とも呼ばれる。国鉄やＪＲから経営移管された地域密着型の第３セクター鉄道は全国各地にあるが、その大半は従来型の上下一体方式を引き継いでいる。上下分離方式を採用した第３セクター鉄道は、平成14年（２００２）にＪＲ東北本線から移管されたこの青い森鉄道が初めてだった。

その青い森鉄道も加盟する日本民営鉄道協会は、上下分離方式の最大の目的を「鉄道事業を地上インフラの建設や保有、維持管理に要する重荷から解き放ち、身軽にするところ」にあると説明する（同協会ホームページ「鉄道用語事典」より。令和6年〔２０２４〕5月閲覧）。平成12年の運輸政策審議会による前記答申「中長期的な鉄道整備の基本方針及び鉄道整備の円滑化方策について～新世紀の鉄道整備の具体化に向けて～」（12ページ）でも、インフラの整備と列車の運行を一体的に行う第1種鉄道事業の形態が原則であるとしつつ、従来のやり方では鉄道整備が困難な場合には上下分離方式も検討すべき、と提言している。

ここにいう「鉄道整備が困難な場合」には、新規路線の建設が困難であるケースのほか、既存の路線を維持し続けることが難しい場合も含まれる。すなわち、既存の鉄道施設を第3種鉄道事業者となる地方自治体などに移管して、もとの鉄道事業者は第1種鉄道事業を廃止して第2種鉄道事業に切り替え、引き続き列車の運行を担うことになる。このことから、上下分離方式は、従来通りの上下一体方式では維持・存続が難しい地方の赤字ローカル線を廃線の危機から救うための、我が国では比較的新たな選択肢と位置づけることが可能である。

3　休線という選択肢

復活の可能性がある「休線」

列車は運行しないものの、鉄道事業を完全に終了させてしまう廃止の一歩手前の段階として、「事業の休止」という手続きが鉄道事業法で認められている。路線の運行が一時的に中止しているという意味では「運休」と同じだが、単に「運休」と表現する場合は、短時間・短期間の運行中断のケースが多い。そこで、長期にわたる運休の場合は「長期運休」とか「休線」と呼ばれることもある。本書では「廃線」と区別しやすいよう、「休線」の表現を用いることにする。

休線の手続きも、平成12年（２０００）の鉄道事業法改正の影響を受けている。それまでは休線の場合も廃線と同様、国の許可が必要だったが、現在では国土交通大臣への届出制に切り替わっている。許可制時代は休線の期間に制限はなかったのに対し、届出制の下では休止期間が１年以内に限定されているが、何度も休止届出を更新すれば事実上、期間制限はないのと同じで、実際に多数の路線が毎年、届出の繰り返しによって休線を続けている。

たとえ長期間の休線でも、廃線ではないから、いずれは営業運行を再開するのが本来の建前である。特に、路線全体に影響を及ぼす大規模な工事のため、あらかじめ期限を定めて長期運休するケースでは、将来の運転再開の見込みがはっきりしている。

平成12年の鉄道事業法改正前では、ＪＲ田沢湖線（大曲～盛岡）が平成８年３月から約１年間、秋田新幹線開業に向けた軌間変更工事（線路の幅を在来線用の１０６７ミリから新幹線用の１４３５ミリに拡大する工事）のため、75・６キロに及ぶ全線で全ての列車を運休したことがある。このときは当時の鉄道事業法の手続きに基づき、国の許可を受けて休線となったが、新幹線を走らせるという工事目的に照らせばいずれ運転を再開することは明白であり、休線という手続きの本来的なあり方と言えよう。

近年では、南海電気鉄道の高師浜線（羽衣～高師浜）１・４キロが鉄道高架化工事のため、令和３年（２０２１）５月から３年近く休線となっていた。ＪＲ東日本の陸羽西線（新庄～余目）43・0キロは、並行する道路のトンネル工事に際して、交差する鉄道トンネルが近接しており安全対策上の課題が多いという理由で、令和4年5月から令和6年度中まで、つまり最長で令和7年3月まで3年近く列車の運行を取りやめると発表している。南海高師浜線も陸羽西線も、1年間を上限とする休線の届出を更新することによって法定要件を充足している。

廃線同然だが休線の建前をとった国鉄士幌線

ところが、書類上の手続きは休線であっても、将来、再び営業運行が行われるかどうかが定かでないケースもある。休線の期間をいつまでとするのか、あるいは当該区間に関するどのような事情変更があれば休線を続ける理由がなくなったと言えるのか、そのような事情変更はいつ頃生じる見込みなのか、がはっきりしなければ、未来永劫休線扱いが続くだけで、実質的には廃線と変わりがない。

まだ鉄道事業法が存在しない国鉄末期に、そのような休線区間が実際に存在した。北海道を走る士幌線（帯広～十勝三股）の末端区間、糠平～十勝三股間18・6キロである。この区間は、もともとローカル輸送をしていた士幌線の中でも過疎化の進行が著しく、利用客数は北海道外からの旅行者を含めても1日あたり10人未満の状態だったのに、とりわけ冬季は除雪に要する国鉄の負担が大きかったことから、昭和53年（1978）12月、地元のタクシー会社が運行するマイクロバスによる代行輸送に切り替えられたのだ。

士幌線

将来、利用客数が回復する見込みが立てば列車運行を再開する、という建前であったとはいえ、現実にそのような可能性はゼロに等しいことからすれば、代行バスへの切り替えは事実上の廃線と同じである。正式な廃線にならなかったのは、鉄道会社が鉄道営業の廃止を主体的に選択できる現在の鉄道事業法のような仕組みがなかったというだけでなく、昭和53年当時は大正11年（1922）に成立した改正鉄道敷設法がなお有効であり、士幌線は同法別表（第三章で詳述）に明記された計画路線の一部であったことも影響している。当時の法律上は、十勝三股付近の区間を廃止するどころか、逆に路線を北上させて石北本線の上川付近まで延長させることが求められていたのだ。

その延長開業に備えるという建前と両立させるため、同区間は廃線にはならなかった。過疎化が進んでバス輸送に切り替えた鉄道路線をさらに延長開業させる、などという仮定はおよそ非現実的だが、とにかくそういう事情によって、代行バスは国鉄の鉄道路線と同じ扱いで運行された。運賃設定は通常の国鉄線と同じで、全国どこの国鉄駅からでも、代行バスでしか行けない十勝三股までの直通乗車券が発行されたし、北海道内で通用する周遊券などのフリー切符で代行バスにそのまま乗れた。

市販の時刻表を開くと、士幌線のページに「糠平―十勝三股間はバスになります」という素っ気ない注記があるのみで、糠平〜十勝三股間のバスの時刻は列車と同じように掲載された。現在では、災害などでバスによる代行輸送が長期化すると、市販の時刻表では時刻を示すアラビア数字が列車と異なる書体になったり、巻頭の路線図などに「○○線○○〜○○間は災害のため不通になっています」「バス代行輸送を行っています」などと注釈がついていたりするが、そういうわかりやすい案内はなかった。この区間が代行バスになっている理由も書かれていなかった。

そういう状態が、国鉄再建法に基づく赤字ローカル線として士幌線全線が廃止される昭和62年3月まで、8年あまり続いた。廃線ではない以上、休線区間の線路や駅の施設は撤去されずにそのまま残されていたため、駅舎やホームの駅名標などは朽ちるがままに放置され、夏の十勝三股駅構内は草むす中に埋もれて、さながら駅の遺跡のような状態だったという。結局、正式廃止の日まで、休線区間に再び列車が走ることはなかった。

糠平〜十勝三股間は鉄道の正式廃止後、既存の代行バスを運行していた地元のタクシー会社がそのまま廃線に伴う転換バスを引き受けた。だが、沿線の過疎化は止まらず、平成15年（2003）にはその転換バスも廃止。その後は、旭川（あさひかわ）や上川方面と帯広とを結ぶ長距離急行バスが、その転換バスの再代替手段として十勝三股で旅客の乗降扱いをするようになって現在に至っている。帯広から糠平や十勝三股を経て上川までを直通させるという国鉄士幌線の目的は、皮肉なことに、休線区間の代行バスを引き継いだ廃線後の転換バスまでもが廃止されたことによって、初めて達成されたことになる。

土壇場で廃線から休線に切り替えた南部縦貫鉄道

当初は廃線を決断しながら、土壇場で休線へと方針転換し、将来の鉄道復活の可能性を残そうとした地方ローカル線も実在した。青森県の野辺地（のへじ）〜七戸（しちのへ）間20・9キロを結んでいた南部（なんぶ）縦貫（じゅうかん）鉄道である。

南部縦貫鉄道は昭和37年（1962）、当時の国鉄東北本線千曳（ちびき）から分岐する私鉄として開業した。当初は沿線で採掘される砂鉄の貨物輸送が期待されていたが、砂鉄を原料とする製鉄事業が早々に頓挫してしまい、昭和41年には会社更生法の適用を申請している。何とか破産を免れたものの、昭和43年には起点の千曳駅が東北本線のルート変更によって移転。国鉄との接続駅を失うわけにはいかない同鉄道は、放棄される旧・東北本線の用地を国鉄から借り入れて

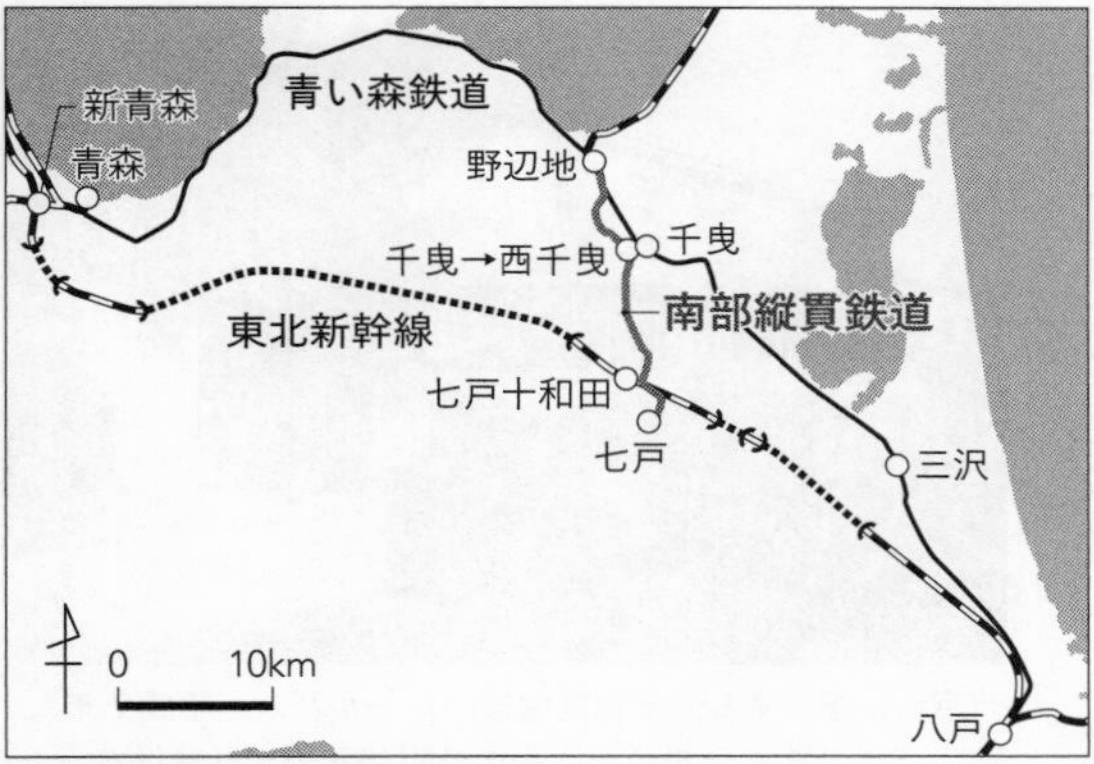

南部縦貫鉄道・青い森鉄道

野辺地まで路線延長（旧・千曳駅は西千曳駅に改称）することで、何とか乗り切っている。

鉄道事業だけでは経営が成り立たない同鉄道は、タクシーやスクールバスの運行、沿線の学校給食の調理・運搬、公営施設の清掃やゴミ収集などさまざまな事業を展開した。だが、昭和59年に国鉄の貨物輸送の合理化によって、野辺地駅を介した国鉄との貨物連絡輸送が実質的に不可能になると、農産物などを運んでいた貨物収入を失い、通学する小学生が日々の旅客の大半を占める同鉄道は、またも苦境に陥った。

ただ、沿線に目立った観光資源もないこの小さなローカル鉄道は、鉄道愛好家には注目される存在でもあった。1日わずか5往復の旅客列車が、「レールバス」と呼ばれる独特の車両によって運行されていたからである。

レールバスとは、バス用の車体材料や部品を用いて製造された鉄道車両で、製造コストが低いことから、昭和20年代後半から同30年代にかけて国鉄の地

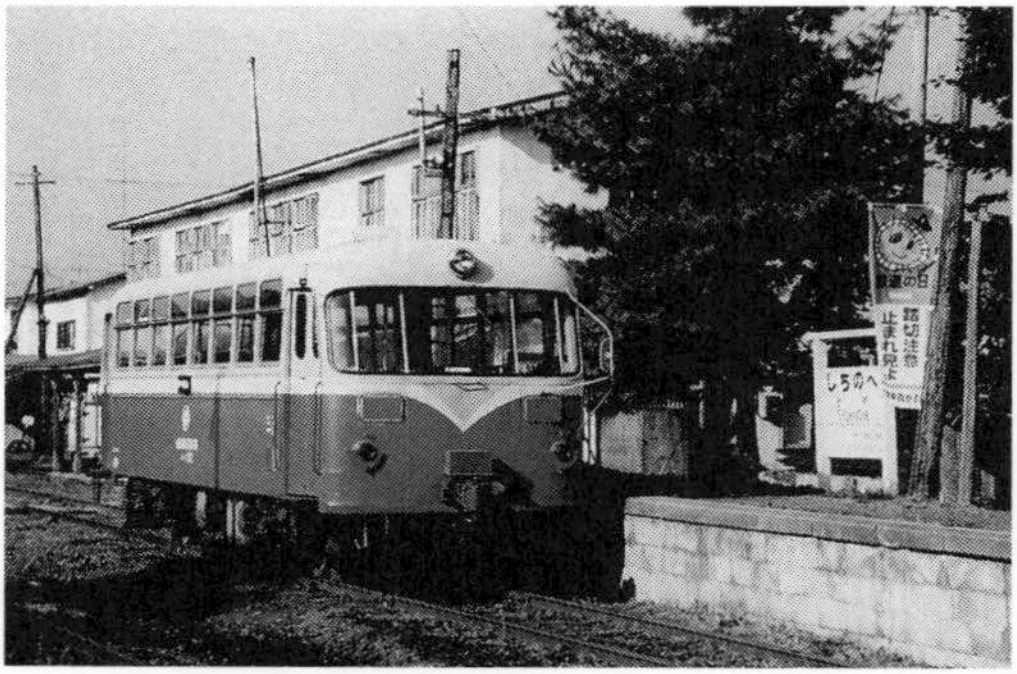

七戸駅に停車する南部縦貫鉄道のレールバス（平成７年）。昭和37年の開業当初から休線まで約35年間走り続けた

方路線に投入された経緯がある。だが、バスのように1両だけで運行することが想定され、2両以上連結してもそれぞれの車両ごとに運転士が必要な構造になっているなど旅客の増加に対応できないことや、乗り心地が良くなかったことなどから、昭和40年代前半までに国鉄のレールバスは全国から姿を消した。その後、昭和59年に国鉄樽見線から第3セクター方式へ転換された岐阜県の樽見鉄道（転換当初は大垣〜神海。その後、樽見まで延長開業）に新造のレールバスが投入されたが、これ以降の各地の第3セクター鉄道に登場したレールバスは、連結運転が可能な新世代タイプである。

その古めかしい初期型レールバスが、南部縦貫鉄道では平成初期にも全国で唯一、現役の旅客車両として運用され続けていた。線路の上を走るから鉄道車両ではあるが、クラッチや変速レバーを操作する運転台の様子はバスそのもの。最初から物珍しさを狙ってレールバスを導入したわけではないが、会社の財政事情により新しい車両へと更新する余裕がないまま開業当初の車両を大切に使い続けた結果、「線路の上をバスが走る全国唯一の路線」として、日本全国の鉄道愛好家に認知されるようになったのである。

そのような路線独特の存在感が、廃線の方針まで一度は揺るがした。

野辺地～西千曳間の線路用地は前述の経緯から借地のままだったが、平成7年（1995）、国鉄の分割・民営化後にその所有権を引き継いだ国鉄清算事業団は、この用地の買い取りを南部縦貫鉄道に求めた。国鉄の債務返済のための遊休地の売却処分期限が平成9年度末（平成10年3月末）に迫っていたことが、この時期の買い取り要求の背景にあった。

だが、レールバスはもはや交換部品の調達もできないほど通常の耐用年数を大幅に超過し、路線全体の施設の老朽化も甚だしかった同鉄道にとって、起点側の路線の借地を買い取るだけの体力も、抜本的な施設改修を行う余裕もなかった。かくして、平成9年3月末限りで全区間を廃線とすることが同鉄道の株主総会で承認された。

ところが、同鉄道の廃止が報じられると、古典的なレールバスの姿を最後に一目見ようと、全国から鉄道愛好家がやって来た。今なら〝葬式鉄〟（ふだんは乗車しない路線に、廃止されると決まってから乗りに来る鉄道愛好家を指す皮肉表現）と揶揄（やゆ）される現象だが、平成7年度は年間1万8000人だった定期外旅客が、廃止が決定した平成8年度は3万9000人へと倍増したのだ。当初の3月末廃止の予定は、レールバスへの別れを惜しむ鉄道愛好家に配慮して、同年のゴールデンウィーク最終日の5月5日まで繰り下げられた。

すると、4月以降の最後の1ヵ月はさらに乗客が増えて休日はレールバスだけでは乗り切れなくなり、予備のディーゼルカーが引っ張り出された。といっても同鉄道は約20キロの全区間が1閉塞、つまりこの区間内には途中の行き違い設備がなく1本の列車が行ったり来たりするしかできないので、このときの予備のディーゼルカーは、定期運行のレールバスの数分後にその列車を追いかけて走る「続行運転」に使用されたのだ。地方ローカル線ではあり得ないような異例の運行方式まで採った結果、同鉄道の「平成9年度」の定期外旅客は、4月1日から5月5日までの35日間だけの営業運行で前々年度（平成7年度）の年間実績を上回る2万5000人を数えている。

こうした状況を受けて、同鉄道は廃線の方針を土壇場で覆した。運行最終日が近い4月下旬になって、廃止ではなく「事業の休止」、つまり休線の許可申請をするに至った。休止期間は翌平成10年3月末となっている。廃止間際の乗客増加を踏まえて廃止を一時棚上げし、観光路線として不定期運行することで存続の可能性を図ることが休線の理由とされていた。その後、休線期間は1年ごとに更新され続けた。

南部縦貫鉄道の生き残り策の一つとして、盛岡以北へ延伸してくる東北新幹線とのアクセス鉄道としての再生、という構想があった。現在、七戸町内にある東北新幹線の七戸十和田駅は、南部縦貫鉄道の営農大学校前駅があった場所のすぐ近くに位置しており、七戸十和田駅まで短い連絡線を敷設することは可能だったかもしれない。

だが、昭和57年に盛岡まで開業した東北新幹線はその後、八戸～青森間が在来線を改良して新幹線と直通できるミニ新幹線方式（現在の山形新幹線、秋田新幹線の方式）で建設する方針が日本政府によって示された。八戸以北がミニ新幹線方式で建設されれば、JRとの接続駅は従来通り野辺地になり、七戸町内に新幹線の新駅は造られないことになる。そうなると、新幹線アクセス鉄道としての構想は成立しない。

このミニ新幹線方式による計画が覆され、八戸以北の東北新幹線が当初の構想通りフル規格で建設されることが決定したのは、南部縦貫鉄道の休線から8ヵ月後の平成10年1月であった。南部縦貫鉄道にとって路線存続上の懸案であった野辺地〜西千曳間の借地も、同年6月に廉価で買い取っている。

路線復活への障害が取り除かれていくようにも見えたが、列車が走らなくなった休止中の路線は、ただ書類上の手続きをすれば再開できる、というわけにはいかなかった。日々の点検・保守が行われなくなった線路はじめ施設は荒廃し、営業路線としての復旧には事前の想定以上、数億円の費用がかかると見込まれた。国鉄清算事業団からの借地買い取り要求によって廃線の危機に晒（さら）されてしまう程度の経済力しかなかった同鉄道には、到底負担できる金額ではなかった。

こうして平成14年8月、休線から5年を経て南部縦貫鉄道は路線の存続を断念し、正式に廃線となった。旅客の代替輸送は、休線前から並行道路で運行されていた十和田観光（とわだかんこう）電鉄の路線バスが担っていたので、沿線住民の生活に支障をきたすようなことはほとんどなかったと思われる。東北新幹線が七戸十和田まで延伸してきたのは、それからさらに8年以上が経過した平成22年12月であった。

廃線後も、旧七戸駅構内にはレールバスが保存されている。現在は七戸町がこれらの車両を所有し、有志の愛好家団体や関係者の努力により、旧駅構内で時折開催される体験乗車会や撮影会では今なお自力走行できる状態が維持されている。なお、株式会社としての南部縦貫鉄道は廃線後の平成16年に社名から「鉄道」を外して「南部縦貫株式会社」と改称したが、令和6年（２０２４）現在も、本社がある旧七戸駅舎の正面には「南部縦貫鉄道」「七戸駅」の文字が健在である。

休線が廃線の前ステップの意味を持つように

国鉄士幌線は将来の運行再開を現実的に想定していなかったのに対し、南部縦貫鉄道は将来の再生可能性を考慮して、それぞれ休線という選択をした。災害によって当面の列車運行が不能となった場合の休線は、その後の路線の行く末がケース・バイ・ケースであるという点で、両者の中間的事例とでも言うべきであろうか。近年は、この理由によって長期運休に追い込まれる鉄道路線が全国で多発している。

被災によって休線に追い込まれた区間は、被災直前までは列車が通常運行していたのだから、運休の原因となっている施設の損壊状態などが復旧すれば、休線状態はそう遠くない将来に終了し、列車の運行が再開すると予測できるはずである。「路線の行く末がケース・バイ・ケース」というのは、本来のあり方ではない。

ところが、休線前の営業成績が芳しくなかったような区間が被災すると、「多額の費用をかけて復旧しても営業成績の好転が見込めない」などの理由から復旧工事が行われず、休線の届出が何年もの間繰り返されることがある。このような事例は、平成12年（2000）の鉄道事業法改正によって休線も廃線と同じく許可制から届出制に変わって以降、徐々に増えつつある。

長年にわたって休線扱いが続くと、そのうち、沿線住民にとってもバスなどの代行輸送手段が日常的になる。その段階で鉄道路線の廃止案を持ち出したとき、代行輸送が安定していれば地元の反対意見を緩和しやすいことは間違いない。これは、被災による休線扱いが、建前は一時的な運休であっても、実質的には将来の廃線へと繋げていくための前ステップとして〝活用〟できる可能性を有していることを意味する。

もとより、公共交通機関である鉄道の運行を事業目的とする鉄道会社自身は、表向きはそのような〝活用〟方法を肯定するはずがない。ただ、休線や廃線が届出制になったということは、そのような〝活用〟可能性を国が交通政策として容認したということでもある。近年の被災休線の増加傾向を見る限り、平成12年の届出制の導入が現に休線にそのような新たな意義をもたらし、かつ、廃線の結果との間に一定の連関性を生じさせていると理解できるのではないだろうか。

第二章　戦時における廃線

1　不要不急の休線・廃線

第2次世界大戦下の「不要不急路線」

平成12年（2000）の鉄道事業法改正までは廃線が容易でなかったとはいえ、明治の鉄道創業以来、個別の事情に応じて、営業路線が姿を消す例がなかったわけではない。赤字や被災が鉄道路線の存続を危うくする事象であることは、今も昔も変わらない。

ところが、そのような個別の事情を斟酌（しんしゃく）せず、国策に基づいて営業を強引に止めさせられた鉄道路線が、全国各地にあった。第2次世界大戦中に、いわゆる「不要不急」とみなされた路線の数々である。「不要不急」という言葉は、令和2年（2020）春から始まった新型コロナウイルスの流行期に「不要不急の外出を控えましょう」という文脈で多用されたが、実は約80年前に戦時下の日本国民が「不要不急の旅行は控えましょう」というスローガンで目にした単語であった。「国民全体に不要不急の旅行を控えさせる」という目的を達成するため、「不要不急の旅行のための鉄道路線はなくしてしまう」という手段が実行されたのだ。鉄道路線網は拡大の一途を辿(たど)るのが当たり前だった時代に、鉄道事業者に有無を言わせず国の主導で線路を剝(は)がしてしまった交通政策は、日本の鉄道史に刻まれた極めて特異な先例と言えよう。

戦時中に「不要不急の旅行は控えましょう」というスローガンが国民向けに出されたのは、行楽客向けのサービスに要する労力や費用を省いて、戦争の遂行に必要な貨物や旅客の輸送を集中的、効率的に行うためであった。国家総動員法に基づいて昭和15年（1940）に制定された陸運統制令という勅令は、当初は鉄道大臣が鉄道事業者に貨物輸送への協力命令を出すことができる、といった内容だったが、これが翌昭和16年に改正されると、鉄道を含む陸上運送事業に対する国の統制力が著しく強化された。

この改正勅令は第22条第1項で、「鉄道大臣ハ命令ノ定ムル所ニ依リ陸上運送事業者ニ対シ陸上運送事業ノ全部又ハ一部ノ廃止又ハ休止ヲ命ズルコトヲ得」と定めている。鉄道大臣が戦争遂行目的のために必要と認めれば、国有鉄道だけでなく民間の鉄道会社にも廃線や休線を強制できるというわけである。

戦争遂行目的のために必要と認められる強制廃線・休線の理由とは、観光客輸送などを主としていて軍事輸送上の重要度が低い路線で用いられている線路や枕木、橋桁(はしげた)などの資材を、より重要度が高い路線の資材として転用したり、武器生産に必要な金属として撤去・回収することであった。この「軍事輸送上の重要度が低い路線」が、戦時における「不要不急」の路線と認定されたのだ。

また、資材の転用という主目的に隠れがちだが、国有鉄道の場合は、ある路線の営業を中止させることによって、当該路線の運行列車に使用されていた車両を他の重要路線へ配置したり、勤務していた鉄道職員を他の分野に異動させるという労働力捻出の意図もあったとされる。特に、運行列車が少なく、搬出可能な資材も多くないと見込まれる支線の休線は、労働力捻出の効果が期待されたと見られる。

かくして、昭和18年から翌19年にかけて、不要不急の路線と認定された路線が、全国各地で営業運行をストップさせられた。『日本国有鉄道百年史　第10巻』によれば、このうち国有鉄道は23線区、305・1キロに及ぶ（表2）。私鉄については、地方鉄道のほかに山岳部の登山鉄道、鉄道以外の軌道、索道まで含めると路面電車やケーブルカーやロープウェイなど多岐にわたり、正確な分類は難しいが、それらを広く包含すると全国で300キロ近い路線が休線ないし廃線に至っている。

建前としては、休線であれば戦争遂行目的が達成されたら元通り営業運行できることになるので、多くの場合、手続き上は恒久的な廃線ではなく休線であった。とはいえ、線路などを撤去すれば、運転再開のためには新たに敷き直さなければならないのだから、実態としては廃線

中央本線（下河原線）	国分寺～東京競馬場前	5.6	昭19.10.1.	並行する武蔵野線の開業に伴い昭和48年廃止
橋場線	雫石～橋場	7.7		戦後復活せず
三国線	金津～三国港	9.8	昭19.10.11.	赤字83線として昭和47年廃止。三国～三国港はえちぜん鉄道として運行中
五日市線	立川～拝島	8.1		現・青梅線とは別の路線。戦後復活せず
	南拝島～拝島多摩川	3.0		貨物支線。戦後復活せず
魚沼線	来迎寺～西小千谷	13.1	昭19.10.16.	第1次特定地方交通線として昭和59年廃止
弥彦線	東三条～越後長沢	7.9		昭和60年廃止
興浜北線	浜頓別～北見枝幸	30.4	昭19.11.1.	第1次特定地方交通線として昭和60年廃止
興浜南線	興部～雄武	19.9		第1次特定地方交通線として昭和60年廃止
久留里線	久留里～上総亀山	9.6	昭19.12.1.	JR東日本・久留里線として運行中
妻線	妻～杉安	5.8		第1次特定地方交通線として昭和59年廃止
白棚線	白河～磐城棚倉	23.3	昭19.12.11.	戦後復活せず

に近かったとも言える。戦後も鉄道としては復旧せず、線路跡を一般車両が通行できない専用道路として使用する国鉄バス路線となった白棚線（白河～磐城棚倉。119ページ）は、その典型的な例である。

私鉄への貸出によって存続した三国線

そんな戦時休線の一例に、現在でも当地にその痕跡を見ることができる福井県の三国線がある。この路線は、国有鉄道として休止になった区間の一部が、競合する私鉄への営業権の貸与によって事実上存続した、という特殊な例である。しかも、戦後も当該区間は国鉄として復活することなく書類上の扱いでは廃線となったが、私鉄として

表2　戦時下における国鉄線の営業休止線

『日本国有鉄道百年史　第10巻』P70～71「営業休止線」をもとに著者作成

線名	区間	キロ程（km）	休止年月日	備考
有馬線	三田～有馬	12.2	昭18（1943）.7.1.	戦後復活せず
牟岐線	羽ノ浦～古庄	2.1		貨物支線。昭和36年廃止
田川線	西添田～庄	1.0		貨物支線。戦後復活せず
川俣線	松川～岩代川俣	12.2	昭18.9.1.	赤字83線として昭和47年廃止
宮原線	恵良～宝泉寺	7.3		第1次特定地方交通線として昭和59年廃止
信楽線	貴生川～信楽	14.8	昭18.10.1.	信楽高原鐵道として運行中
札沼線	石狩月形～石狩追分	45.9		新十津川～石狩追分は赤字83線として昭和47年廃止。石狩月形～新十津川は維持困難線区（赤線区）として令和2年廃止
鍛冶屋原線	板西～鍛冶屋原	6.9	昭18.11.1.	赤字83線として昭和47年廃止
富内線	沼ノ端～豊城	24.1		戦後復活せず
札沼線	石狩当別～石狩月形	15.2	昭19（1944）.7.21.	維持困難線区（赤線区）として令和2年一部廃止
	石狩追分～石狩沼田	19.2		赤字83線として昭和47年廃止

は現在でも旅客営業が続いている、という風変わりな経緯を辿っている。

三国線は明治44年（1911）、北陸本線の金津（現・ハピラインふくい芦原温泉）から三国までの国有鉄道として開業。昭和2年（1927）には三国から三国港までの通年旅客営業が開始されている。三国港駅は九頭竜川の河口付近にある港湾施設に近く、線路のすぐ横が海になっていた。船から列車への貨物の積み替えが容易に行える立地だったことからわかるように、貨物輸送が開業当初の主要な目的だった。

一方、昭和3年になると、三国芦原電鉄という私鉄が福井口から芦原までの路線の営業を開始した。現在のえち

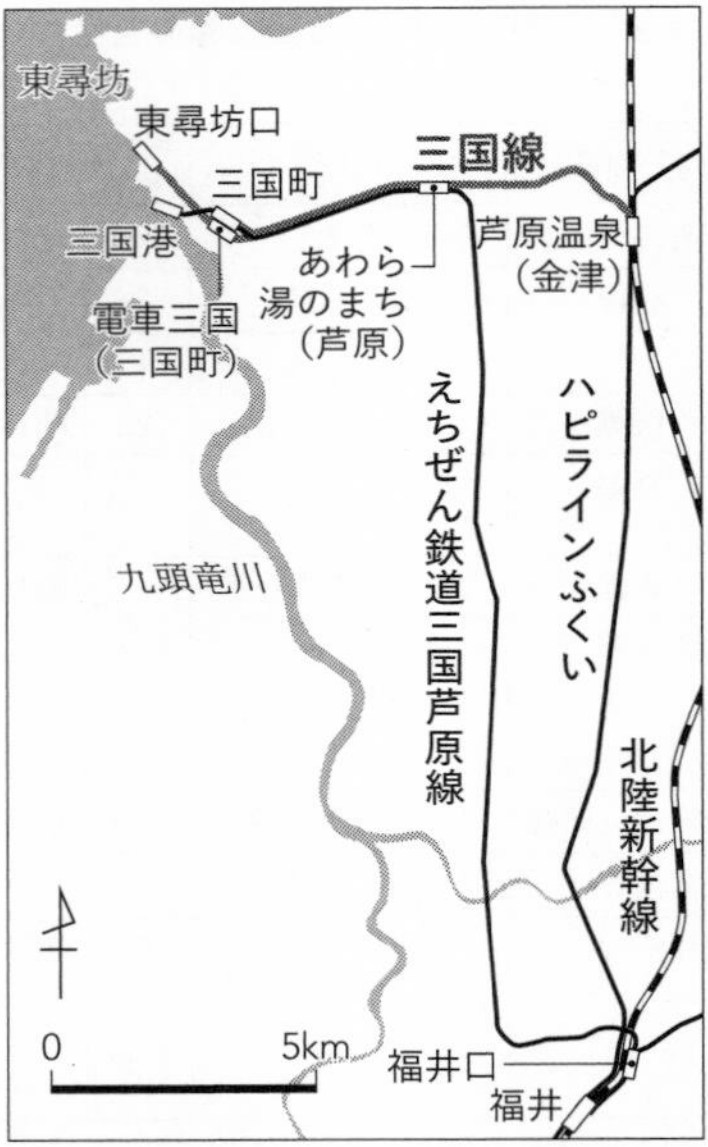

国鉄三国線とえちぜん鉄道三国芦原線

ぜん鉄道三国芦原線で、芦原駅はあわら湯のまち駅にあたる。その後、三国町（その後、電車三国に改称。三国線三国駅に近いが別の駅）、さらには東尋坊口まで延伸している。この私鉄は、芦原～三国（三国町）間が三国線と並行していて、競合関係にあった。

この両路線が、第2次世界大戦中に「不要不急路線」と認定された。まず、三国芦原電鉄を合併した京福電気鉄道の経営下にあった福井口からの三国芦原線は、電車三国～東尋坊口間が昭和19年1月に「不要不急路線」として休止。同年10月には三国線も金津～三国港間の全線が休線となった。

だがこのとき、休線区間の末端部にあたる三国線の三国～三国港間の営業権が京福電気鉄道に貸与された。戦争遂行目的のため、国有鉄道も民営鉄道も既存の事業体の枠組みにとらわれず、施設を相互に共用して輸送力の増強を図ろうとする施策の一環であった。三国芦原線の電車三国駅は三国線の三国駅に統合された。その結果、京福電気鉄道の列車が三国〜三国港間へ直通できるようになった。こうして、三国〜三国港間は実質的に旅客営業が存続することになったのである。

戦後、金津からの三国線は芦原まで営業を再開したが、その先の三国や三国港までの休線区間は復活せず、三国〜三国港間は京福電気鉄道による運行が続けられた。やがて、復活した金津〜芦原間は営業成績の不振から「赤字83線」（54ページ）の一つに名を連ね、昭和47年に休線中の区間も含めて金津〜三国港間の全線が廃線となっている。といっても、三国〜三国港間はあくまでも国鉄の路線としての営業が書類上終了しただけで、京福電気鉄道としての営業実態には変化がなく、平成15年（2003）に第3セクターのえちぜん鉄道へ移管されて現在に至っている。

眼鏡橋をくぐって三国港駅に進入するえちぜん鉄道の電車

戦時休線の対象となりながら、経営主体を変えて生きながらえたこの1駅間を令和4年（2022）11月に訪ねたところ、休線前の国有鉄道時代の面影が随所に見られた。戦時休線によっても旅客営業が途切れず、現役の鉄道路線として使用され続けたこと、さらには、規模が大きい国有鉄道から小規模ローカル私鉄へと経営主体が移ったため、既存の施設を流用しやすかったことなどもその要因であろう。

列車が三国港駅へ到着する直前、レンガ造りのアーチ橋をくぐる。眼鏡橋と名付けられてい

京福電気鉄道時代の三国港駅構内（平成12年）。旅客ホームの向かい側、画像左端に国鉄時代のホームが残っている

現在の三国港駅構内。側線の１線が撤去されて駐車場になり、国鉄時代のホームは一部が遺構として保存されている（右端）

るこの橋は、大正2年（1913）の竣功当時の工法を今に伝える貴重な産業遺産として、国の登録有形文化財に指定されている。

現在の三国港駅は旅客ホームが1面のみだが、1両編成のローカル列車の停車用としては長すぎる。このホームの長さも、国有鉄道時代の名残である。京福電気鉄道時代には、旅客ホームの向かい側、すなわち戦前には港からの積み荷が所狭しと並んでいたであろう海側にも、長いホームの遺構が残っていた。

旅客ホームに隣接する木造の駅舎は、えちぜん鉄道が平成22年に開業当初の姿への復元を目指して改修したもの。京福電気鉄道時代の平成初期までは、待合室に漢数字による縦書きの発車時刻表が掲示されるなど、老朽化もあいまって古色蒼然としていた。改修時には大正2年に建設された当時の梁や柱、瓦などが流用され、現在の駅舎全体は改修前の姿を概ね継承しつつ、大正レトロな雰囲気を色濃くしている。

2　複線区間の単線化

戦時休線と同趣旨だった複線の片側撤去

路線自体の休線には至らなかったものの、資材の転用目的のため、複線区間を単線にして片側の線路等を撤去したり、駅構内の側線で利用度が少ないもの、あるいは跨線橋や駅舎に用いられていた古レールを回収したり、ということも行われた。

複線区間の単線化は、「戦時輸送上重要度が低い路線」を対象とする点で、「不要不急路線の休止」と共通する。ただ、「不要」とまでは言えないが「不急」である、と判断されたがゆえに、路線の最低限の営業継続と資材の転用目的の達成を両立させようとした。いわば、「不要不急路線の休止」の部分実施形態とでも言うべき施策であった。

列車の運行を休止せず複線を単線化するだけでは、資材の転用効果は半減以下になる。線路は純粋に半分を搬出できるとしても、複線で共用している橋梁などは撤去できない。列車の運行を止めなければ、運行車両を他の路線に転属するにも制限があるし、線路を単線にしたところで、従事する鉄道職員を半分にするわけにはいかない。むしろ、単線化によって駅での行き違いが発生するのであれば、複線の場合には不要だった注意が必要になる。そうまでしても複線区間を単線化しようとしたのは、要はそこまで戦局が追い詰められていた、ということにほかならない。

「元・東海道本線」御殿場線の単線化

その象徴的な例が、今はＪＲ東海に所属し、神奈川県から静岡県にかけて走っている御殿場(ごてんば)線（国府津(こうづ)〜沼津(ぬまづ)）である。

御殿場線は、昭和９年（１９３４）に熱海(あたみ)〜函南(かんなみ)間の丹那(たんな)トンネルが開通するまでは、東海

表3　戦時中に単線化された主な複線区間

『日本国有鉄道百年史　第11巻』P305「複線区間の単線化」をもとに著者作成

線名	区間	キロ程（km）	実施年月日	備考
阪和線	鳳〜東羽衣	1.6	昭19（1944）.8.1.	
参宮線	阿漕〜高茶屋	4.1		現・紀勢本線
	松阪〜徳和	3.0		現・紀勢本線
	相可口〜宮川	11.0		相可口は現・多気
	山田上口〜山田	1.8		山田は現・伊勢市
手宮線	全線（色内〜手宮）	1.7	昭19.8.5.	昭和60年廃止
東海道本線	南荒尾〜関ヶ原	10.7	昭19.10.11.	
関西本線	奈良〜王寺	15.4	昭19.10.31.	
御殿場線	国府津〜沼津	60.2	昭19.11.11.	
陸羽東線	鳥越〜新庄	5.0	昭19.12.2.	
渡島線*	全線（森〜砂原）	9.4		昭和20年廃止

*『日本国有鉄道百年史』は「渡島線」と表記しているが、同線は昭和20年１月の国有化・廃線時まで渡島海岸鉄道だった

道本線の一部だった。国内筆頭級の幹線鉄道であったことから、明治34年（1901）には国府津〜沼津間の複線化が完成している。だが、箱根山（はこねやま）の北方を走る急勾配の路線は、蒸気機関車による列車運行にとって大きなネックとなっていた。そのため、大正時代から16年もの歳月をかけて丹那トンネルが建設され、熱海から三島（みしま）へトンネル経由で直行する新線が東海道本線として扱われることになった。これにより、従来の国府津〜沼津間は御殿場線と改称され、筆頭幹線から支線に転落した。

　幹線ルートから大きく外れて急勾配の山岳地帯を走る御殿場線は、戦局の悪化によって、「戦時輸送上重要度が低い路線」にカウントされた。ただし、路線全体を「不要不急」として営業休止させるのではなく、幹線時代に

御殿場線山北駅。ホームの長さと構内の広さは東海道本線時代の名残

敷設され、支線転落後は必要度が低下していた全線にわたる複線施設を単線化して、片側の線路等が全部撤去されることになった。『日本国有鉄道百年史 第11巻』には、同時期に複線区間の片側を撤去して単線化されたり並行線路が撤去されたりした主な国有鉄道が挙げられているが、その中で、御殿場線の60・2キロに及ぶ単線化区間は最も距離が長い（表3）。

山岳部の急勾配区間を含めて全線で路線の片側が撤去されたため、複線時代に使用されていたトンネルや、渓流を跨ぐ橋梁の橋桁などがあちこちに取り残された（口絵③）。そして、戦後も再度複線化されることはなく、単線として残った御殿場線はそのまま営業運行を続けている。

かくして、単線化から約80年を経た今でも、東海道本線として栄華を極めた複線時代の遺構を沿線のあちこちで目にすることができる。戦争遂行のために鉄道路線を国が強制的に休止したという国策を、現代において視覚的に感じ取りやすいのは、休止された路線よりも、御殿場線のように複線区間の単線化が行われた路線なのかもしれない。

3　戦災による路線消滅

国有鉄道は戦災で消滅しなかった

第2次世界大戦では、日本各地がアメリカ軍の空襲による被害を受けた。重要な軍事施設でもある鉄道は、駅や橋梁などが襲撃されただけでなく、走行中の列車が機銃掃射を受けて一般の乗客に多数の死傷者が出るケースも少なくなかった。

だが、全国を走る国有鉄道の路線が、戦闘行為によってメチャクチャに破壊されて消滅してしまう、ということは起こらなかった。原子爆弾が投下されて甚大な被害が出た広島、長崎でさえ、市内を走る山陽(さんよう)本線や長崎本線が消えてなくなることはなかった。広島では昭和20年(1945)8月6日の朝に原爆が投下されたが、その直後に広島の操車場から貨物列車が運行され、途中で負傷者を乗せながら芸備(げいび)線を走ったとの証言が残っている。山陽本線も、被爆2日後の8月8日には一部区間での運転を再開している。

たとえ原爆や空襲で鉄道施設が徹底的に破壊されても、細長く延びる鉄道用地ごと完全に消え去るケースは少ない。そして、鉄道用地や施設の権利関係、鉄道事業者の免許関係などが統治権者(中央政府)や国民の大多数によって尊重され、社会秩序の安定が保たれている限り、国はその土地を再び鉄道用地として利用しようとする。破壊された鉄道用地を沿線住民が勝手に住宅地や農地に転用して、鉄道路線の復旧を妨げるようなこともない。

かくして、終戦までに、直接の戦闘行為によって破壊され、そのまま廃線に追い込まれた国有鉄道は1路線もなかった。映画『アラビアのロレンス』で有名な中東のヒジャーズ鉄道は、第1次世界大戦中にロレンス率いるアラブのゲリラ部隊によって破壊され、オスマン帝国崩壊後はサウジアラビア側の路線が復旧されないまま遺棄されたが、そういうことは日本の国有鉄道では起こらなかった。

地上戦で破壊された沖縄県鉄道

もっとも、「国有鉄道では」とのただし書きを入れたのは、第2次世界大戦中に地上戦が行われた地域で、戦災により破壊され、正規の手続きなくして物理的に消滅した日本の鉄道が実在したからである。

戦前も今も日本の領土である地域としては唯一の地上戦が行われたのは、沖縄と硫黄島だった（ポツダム宣言受諾後に、日ソ中立条約を破棄して当時の樺太や千島列島に侵攻してきたソ連との間でも地上戦が行われている）。沖縄には令和6年（2024）現在、那覇中心部を走る沖縄都市モノレール（ゆいレール）のみが鉄道として営業運行しており、平成15年（2003）以前はそれすらなく県内に旅客鉄道が存在しなかった（昭和58年〔1983〕まで南大東島にサトウキビ

平成27年まで使用されていた旧・那覇バスターミナル。戦前の沖縄県鉄道那覇駅の跡地に開設されており、蒸気機関車用のターンテーブルがこの敷地内から発掘された

運搬のための専用鉄道が運行されていた)。

だが、戦前は沖縄県鉄道（沖縄県営鉄道）という軌間762ミリの軽便鉄道が、沖縄本島で那覇を中心に複数の路線を持ち、旅客列車や貨物列車が定期的に運行されていた。現在、ゆいレールの旭橋(あさひばし)駅近くにある那覇バスターミナルの場所は、戦前は県鉄道の那覇駅だった。

その那覇駅は、昭和19年10月のアメリカ軍による空襲で焼失。翌昭和20年3月、アメリカ軍の沖縄本島上陸直前に列車の運行が停止されている。その後、激しい地上戦によって県鉄道の施設や車両は徹底的に破壊された。

沖縄県鉄道の戦後事情が本土と異なるのは、破壊された鉄道用地を含めてアメリカの占領下に置かれたことで、戦前の県鉄道

嘉手納町役場付近に建つ沖縄県鉄道嘉手納駅跡地の記念碑

の運営主体であった沖縄県という行政機関自体がなくなってしまったこと、そして何より、アメリカの統治下では戦前の交通政策や都市開発の経緯などが必ずしも踏襲されなかったことにある。終戦直後のアメリカ軍政府は鉄道の再建を計画し、建設資材の獲得に奔走していたとされるが、実際には破壊された鉄道施設の跡は道路などに転用され、従来の路線を復活することは物理的にも不可能になってしまった。昭和25年に朝鮮戦争が勃発すると、鋼材不足によるスクラップ（屑鉄）ブームが起こり、放置されていたレールや車両の残骸はほとんど拾い集められて日本本土へ輸出されたという。

戦火に消えた沖縄県鉄道は、正式な廃止手続きは執られていない。大正8年（1919）に施行され、国鉄の分割・民営化と同時に鉄道事業法が成立した昭和62年に廃止されるまで日本国内の私鉄の根拠法となっていた地方鉄道法は、鉄道事業の廃止を許可制としていたが、沖縄県鉄道の廃止が正式に許可されたことはない。ただ、昭和27年に発効したサンフランシスコ平和条約によって沖縄がアメリカの施政下に置かれたことで、法令上廃止されていない沖縄県鉄道は、日本の地方鉄道法の適用対象から外れている。

このような経緯を辿ったこともあり、沖縄県鉄道の痕跡は、戦後長らく忘れ去られていた。スクラップブームの影響もあり、実際に使用されていた線路や車両はほとんど残っていないが、道路工事などの際に地中から発掘された車両の台車や線路などは、旧・沿線各地で保存されている。那覇駅の跡にできた那覇バスターミナルでは、平成30年に現在の複合施設型のビルに生まれ変わる際の再開発工事中に、県鉄道で使用されていたと思われる蒸気機関車用のターンテーブル（転車台）の遺構が出土。ゆいレール旭橋駅とバスターミナルの連絡通路付近に移設され、往時の那覇駅の面影を今に伝える貴重な産業遺産として一般公開されている。

サイパン陥落時に壊滅した南洋の産業鉄道

公営の鉄道ではなく、純然たる民間企業が敷設・運営していた路線が激戦で破壊され、そのまま消滅してしまった例もある。

日本は第１次世界大戦後のヴェルサイユ条約に基づき、第２次世界大戦の終結時まで約30年間にわたり、国際連盟からの委任を受けて、サイパンなど南洋群島と呼ばれる島々を統治していた。厳密には日本の領土ではないが、日本の統治機関が置かれ、多くの日本人が移住していた。

戦前のサイパンやテニアンでは製糖業が盛んで、収穫したサトウキビを畑から工場まで迅速に運ぶための専用鉄道が島内に敷設されていた。南洋興発という会社が建設したこの鉄道は、あくまでもサトウキビ運搬のための産業用鉄道という位置づけであったが、市街地に近い区間では沿線住民のため、列車には旅客用車両も連結されていた。大正10年（１９２１）に設立された南洋興発は、昭和初期には製糖業だけでなく水産業や鉱業、農業など南洋群島全域に強い影響力を持ち、「北の満鉄、南の南興」と称されるほどの巨大企業に成長し、移民した日本人の多くが南洋興発の事業に従事していたという。

南洋興発の本社があったサイパン島は、昭和19年（１９４４）6月からアメリカ軍の攻撃を受け、同年7月に陥落。島全体が戦場となり、市街地も徹底的に破壊された。近隣のテニアン島でも同様の地上戦が繰り広げられた。南洋興発が運行していた産業鉄道は、サトウキビ畑や製糖工場などの関連施設ともども、その戦火の中で壊滅した。

戦後、南洋興発はＧＨＱ（連合国軍最高司令官総司令部）により、満鉄などと並ぶ特別戦時機関とみなされて強制的に会社を閉鎖させられた。製糖業を取り仕切っていた南洋興発が会社ごと消滅し、それらの産業に従事していた日本人住民も本土に引き揚げたことなどから、隆盛を誇ったサイパンやテニアンのサトウキビ産業は、戦後も再開されなかった。当然ながら、南洋興発が運行していた産業鉄道もそのまま遺棄された。

ただ、沖縄と異なり、戦場となった島で動かなくなった蒸気機関車の一部は、スクラップにされることなく放置され続けた。サイパンでは、かつて南洋興発が旅客列車を発着させた西海岸の中心都市・ガラパンの公園内に、修復された機関車と客車の台車が静態保存されている。島の南部では、密林の中を切り通した線路跡の道路が「Railroad Drive」と名付けられ、かつてここに鉄道が走っていた歴史をその名にとどめている。その道路脇の雑木林の中には、当時

サイパン島に保存されている南洋興発の蒸気機関車

南洋興発の専用鉄道跡を道路に転用した切り通し（サイパン島南部）

の線路が折れ曲がったまま放置されている。

テニアン島には車両は残っていないが、鉄道施設の遺構は今もジャングルの中に残っている。逆に、サトウキビ栽培がうまくいかず終戦前に製糖工場の操業が中止されていたロタ島では、サイパンやテニアンのような激しい地上戦が行われなかったせいか、ドイツ製の蒸気機関車が2両、島内で静態保存されている。

第三章　国鉄時代の赤字線廃止

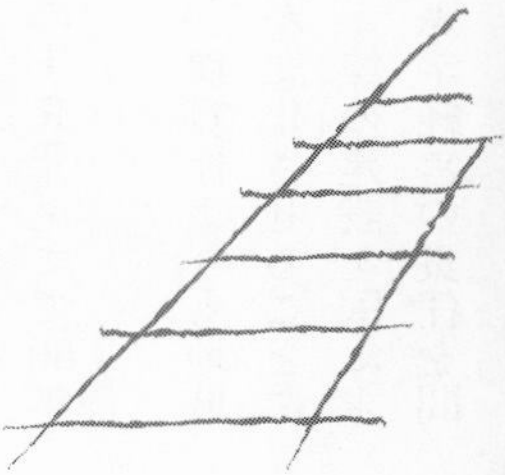

1　赤字83線問題

拡張一辺倒だった昭和中期までの鉄道政策

戦後、国有鉄道は国による直営から、独立採算制の公共事業体である日本国有鉄道（国鉄）による経営方式に移行した。同時に、運輸省内に鉄道建設審議会（鉄建審）という諮問機関が設置され、国鉄の新線建設に際しては、大正11年（１９２２）に施行された鉄道敷設法の改正法別表に列挙されている予定線の中から建設候補路線を選定し、鉄建審がその選定の妥当性を審議したうえで具体的な予算措置を講じる、という手順が踏まれることになった。

大正11年に施行された鉄道敷設法の改正法別表とは、明治25年（１８９２）に制定された旧鉄道敷設法で計画していた幹線鉄道網が徐々に完成に近づいたことから、同年に地方の鉄道網拡充のために旧法が改正された際、全国で新たに建設すべき予定線を１４９路線列挙して、条文が並ぶ本文に付された別表のことである。旧法では対象外だった北海道の予定線が含まれたとはいえ、旧法に列挙されていた予定線が33線区だったことと比較すると、将来の建設を約束した線区が一気に4倍以上に膨れ上がったことになる。別表の予定線は後に50線区以上が順次追加されたが、内容が変更されたことはあっても削除されて建設計画自体が撤回となった予定線は1線区もなかった。

この別表方式は、地方路線の新規建設を優先的に推進する政策を掲げていた立憲政友会出身の原敬（はらたかし）内閣が発案した。新たな路線を造ろうとするたびに法改正をするより、最初に全国各地の完全な新線建設計画を作って法律化したほうが、議会での審議は最初の1回だけで済む、という目論見（もくろみ）から生まれた一覧表と言われている。実際、この法律はその後、政権交代によって政友会が政権を失ったときはもとより、日本の第2次世界大戦の敗北、大日本帝国憲法から日本国憲法への改正などがあっても効力を失わず、昭和62年（１９８７）のＪＲ発足まで60年以上にわたり、日本の鉄道建設計画の骨格となり続けた。

ところが、国鉄がこの別表に基づいて地方の新線建設を進めるにつれて、採算性よりも地域開発目的を優先した地方路線が増えるほど、独立採算制の国鉄の経営収支を悪化させることになる、という問題意識が生まれた。国鉄としては、赤字必至の地方ローカル線の建設を国に求められたから自力で開業して予想通り赤字になったのに、その結果として赤字経営の責任を問われるのは間尺に合わない。

そこで昭和39年、国鉄に代わって新規路線の建設を行う日本鉄道建設公団（鉄建公団）という特殊法人が設立された。これによって、新規路線の建設は鉄道敷設法の改正法別表に基づく国の公共事業として、国鉄とは別財源で行われる仕組みができあがった。

すると、国鉄では資金不足で実現できなかった地方ローカル線の新規建設が次々と予算化され、具体的に着工されるようになった。建設後は国鉄がその路線を引き受けて運営を担うことになるため、赤字路線をむやみに開設すれば国鉄の経営収支を悪化させるのは自明のはずである。ただ、後に首相となる田中角栄は鉄建審の会合で「鉄道は地方発展のためにやむを得なければ赤字を出してもよい」という考え方を明確に述べており、少なくとも昭和40年代初頭までは、こうした考え方が一定の説得力を持って語られる時代でもあった。

自動車輸送への転換を勧告された83路線の選定

だが、国鉄は昭和38年（１９６３）に単年度収支が黒字決算となったのを最後に、翌年度以降は赤字決算を繰り返すようになった。昭和42年度の国鉄監査報告書は、国鉄の収支悪化を助長する一因として「ローカル赤字線の経営」を挙げている。

新たに建設される国鉄の地方ローカル線は、いずれも大正時代に成立した鉄道敷設法の改正法別表に予定線として明示されていることが着工の根拠となっていた。だが、鉄道以外に陸上輸送機関の存在がほとんど考えられなかった時代に立案された鉄道建設計画を、自動車輸送が一定の競争力を持つようになってもなお当初のまま維持することは、明らかに合理性を欠く。そのことは当時、各種の調査会などでもすでに指摘されていた。

このような状況下で日本国有鉄道諮問委員会は、国鉄の体質改善を目指して赤字ローカル線問題について審議を重ね、翌昭和43年、「ローカル線の輸送をいかにするか」という意見書を国鉄総裁宛てに提出した。それは、赤字ローカル線問題の解決なくして国鉄経営の根本的改善はあり得ないとの理解に基づき、全国２４２路線、約2万８００キロの国鉄線のうち、輸送実績が一定基準を下回る83路線、約２６００キロについて、地元の便益確保の見通しを得たうえで速やかに自動車輸送に切り替えるよう勧告する内容であった。正確に言うと、同意見書は鉄道として維持すべき線区名を明示しており、そこに列挙されなかった路線が間接的に廃線を示唆されたわけだが、いずれにせよ、明治以来、拡張一辺倒で進んできた我が国の鉄道史上、初めての本格的なローカル線廃止論である。ここで道路輸送への切り替えを勧告された形になった83の路線が、「赤字83線」と呼ばれるようになった。

この意見書は、「沿線住民の国鉄に対する信頼や、その果しつつある使命からみて、単に採算上の見地からのみローカル線を整理すべきであるとする考え方はとらない」との前提に立ちつつ、西ドイツ、イギリス、フランスにおけるローカル線の存廃事情、さらに日本国内で自動車輸送に切り替えた国鉄、私鉄の廃線の先例を紹介。輸送密度（１日１キロあたりの輸送量）が旅客数で約1500人、貨物量で約2000トン以下の線区は鉄道より自動車輸送のほうが低コストであると試算した。この試算に基づいて鉄道輸送が適していると判断できる国鉄線約1万3400キロに加えて、沿線人口や冬季の積雪状況も含めた並行道路の状況なども勘案し、「国鉄の役割として、当面の間引き続いて経営しなければならない」と判断できる約4800キロは「徹底的な合理化」のうえで鉄道網に組み入れ、残りの約2600キロを「便益性を十分確保する見通しを立てたうえで自動車輸送に委ねる」ことが、赤字が深刻化する国鉄の財政再建、ひいては国民経済にとっても有利であると考えたのである。

全国規模でのローカル線廃止が正式な国策に

こうした意見書などを踏まえて、昭和44年（1969）5月、国鉄財政の再建を図るための基本的施策や具体的措置などを規定する「日本国有鉄道財政再建促進特別措置法」という法律が制定された。同法は昭和44年度以降の10年間を国鉄の財政再建期間と設定し、運輸大臣が国鉄の財政再建に関する基本方針案を作成して閣議決定を求め、決定後に国鉄へ通知することとしている。これは、国鉄の財政再建を実現するには、国鉄自身がその努力をするだけでなく、日本政府による総合交通体系の確立等の抜本的な施策が一体的に実施されなければならない、との考えによる。

この法律に基づいて同年9月に閣議決定された基本方針には、「道路輸送への転換が適切な線区は、地域の実情について十分考慮のうえで極力その転換を促進する」と記されている。この閣議決定を踏まえて国鉄が策定した財政再建計画にも、道路輸送への転換が適切と認められる線区については政府の方針に従ってその転換を進めること、つまり廃線を促進することが明記された。運輸大臣は翌昭和45年2月に、この計画を承認。これにより、全国に散在する多数のローカル線を、赤字を理由にいっせいに廃線にするという鉄道政策が、正式な国策として実行される段階に至ったことになる。

11線区、121・2キロの廃線にとどまる

この赤字83線の廃止策は、結論から言うとうまくいかなかった。法令に基づいて有無を言わさず強制的に線路を撤去するような政策ではなかったため、対象路線の「沿線地域社会からの強い反対」（運輸政策研究機構〔編〕『日本国有鉄道民営化に至る15年』成山堂書店、平成12年〔2000〕）に遭うと廃線を実現するのは難しかった。根拠法である日本国有鉄道財政再建促進特別措置法の成立時には、参議院の運輸委員会が「地方における赤字線の存廃は、関係地域の住民にとって極めて重大な問題であるから、慎重に検討し、対策を講ずべきである」との付帯決議を行うなど、強制的な廃線促進を行う環境にはなかった。

それに、当時の地方ローカル線は、必ずしも利用者数が慢性的に少ないという状況にはなかった。昭和40年（1965）頃の地方ローカル線の利用者数は、多くの線区で10年前の2倍程

表4　赤字83線として廃線になったローカル線

線名	区間	キロ程(km)	廃止年月日	備考
幸袋線	小竹～二瀬	7.6	昭44(1969).12.8.	
	幸袋～伊岐須	2.5		
根北線	斜里～越川	12.8	昭45(1970).12.1.	
唐津線	山本～岸嶽	4.1	昭46(1971).8.20.	
世知原線	肥前吉井～世知原	6.7	昭46.12.26.	
臼ノ浦線	佐々～臼ノ浦	3.8		
鍛冶屋原線	板野～鍛冶屋原	6.9	昭47(1972).1.16.	
三国線	金津～三国港	9.7	昭47.3.1.	三国～三国港はえちぜん鉄道として運行中
篠山線	篠山口～福住	17.6		
宇品線	広島～上大河	2.4	昭47.4.1.	国鉄線として廃止後、通運業者の貨物専用線として列車運行継続。昭和61年廃止
川俣線	松川～岩代川俣	12.2	昭47.5.14.	
札沼線	新十津川～石狩沼田	34.9	昭47.6.19.	

度にまで増加していた。高度経済成長によって沿線住民の日常的な行動範囲が拡大したほか、高校進学率の向上によって通学定期の利用客も増えていた。列車が混雑している状況を日々体感している現実の利用者の立場からは、「赤字だから廃線に」と言われてもにわかには受け入れ難かったと思われる。

　また、赤字83線の中には、旅客輸送の実績の低さは必ずしも深刻ではなく、貨物輸送の実績値の低さゆえにリストアップされたと思われる路線も含まれていた。赤字83線のうち、実際に廃止されたのは11線区、１２１・２キロにとどまったのだが（表４）、このうち貨物の輸送密度がゼロの線区が3路線（根北線、唐津線、鍛冶屋原線）あり、他の8線区も1日1キロあたり1000トン未満と低水準だった。このようなデータから、「国鉄は旅客輸送密度が相応の高水準にあったとしても、貨物輸送密度が低水準の線区は自らの経営から切り離し、営業廃止する意志があった」との可能性を見出す推論もある（浅見均「データと事実が示す地方鉄道の在り方」都市化研究公室『論壇』2021年Vol.9）。

赤字83線を廃止しようとした本来の目的は国鉄の財政再建にあったことからすれば、収入単価が低い旅客輸送よりも、効率的な長距離・大量輸送に向いている貨物輸送の採算性を重視して対象路線を選定したのではないか、との推定は首肯しやすい。だが、令和の現代よりも地方の道路事情が悪く、マイカー普及率も低く、公共交通機関としての鉄道、特に国有鉄道への信頼度、依存度がずっと高かった当時、旅客営業上は大赤字になっていない路線を廃止しようとしても、利用者である沿線住民はそう簡単に納得しなかったに違いない。

「赤字83線」最後の廃線となった札沼線

廃線を促された83路線の中で実際に廃止された11線区のうち、最後に廃止されたのが、北海道を走る札沼線の新十津川〜石狩沼田間34・9キロである。

札沼線は札幌から北上して、留萌本線の石狩沼田までを結ぶ路線であり、その両端の駅名から1字ずつをとって命名された（正確には札幌の1駅隣の桑園が起点）。大正11年（1922）の鉄道敷設法改正法別表に「石狩国札幌ヨリ当別ヲ経テ沼田ニ至ル鉄道」との予定線が挙げられており、石狩川左岸（東側）流域を走る函館本線に対して、右岸（西側）流域を北上する路線として計画された。昭和6年（1931）にまず石狩沼田〜中徳富（後の新十津川）間が開通し、昭和10年に桑園〜石狩沼田間111・4キロが全通した。その後、戦時中に不要不急路線（31ページ）として石狩当別〜石狩沼田間が休線となり、線路等が撤去されたが、戦後になって昭和31年までに石狩沼田までの全線が復活している。

留萌本線の車内から見た石狩沼田駅構内（令和4年）。昭和47年までは札幌へ直通する札沼線の列車が発着していた。現行ホーム（左）の向かいに2・3番線だったホームの跡（画像右側）が残っている

　だが、戦後の交通事情の変化によって、特に札幌から離れた石狩沼田側では旅客、貨物ともに輸送実績が年々落ち込んでいた。新十津川〜石狩沼田間が「赤字83線」として廃線候補線区に名を連ねると、国鉄の財政再建計画に基づく赤字線撤去策の一環として、昭和46年、同区間の沿線自治体に対して廃線が提案された。予想通りと言うべきか、当初は各自治体とも廃線反対の姿勢を鮮明にした。

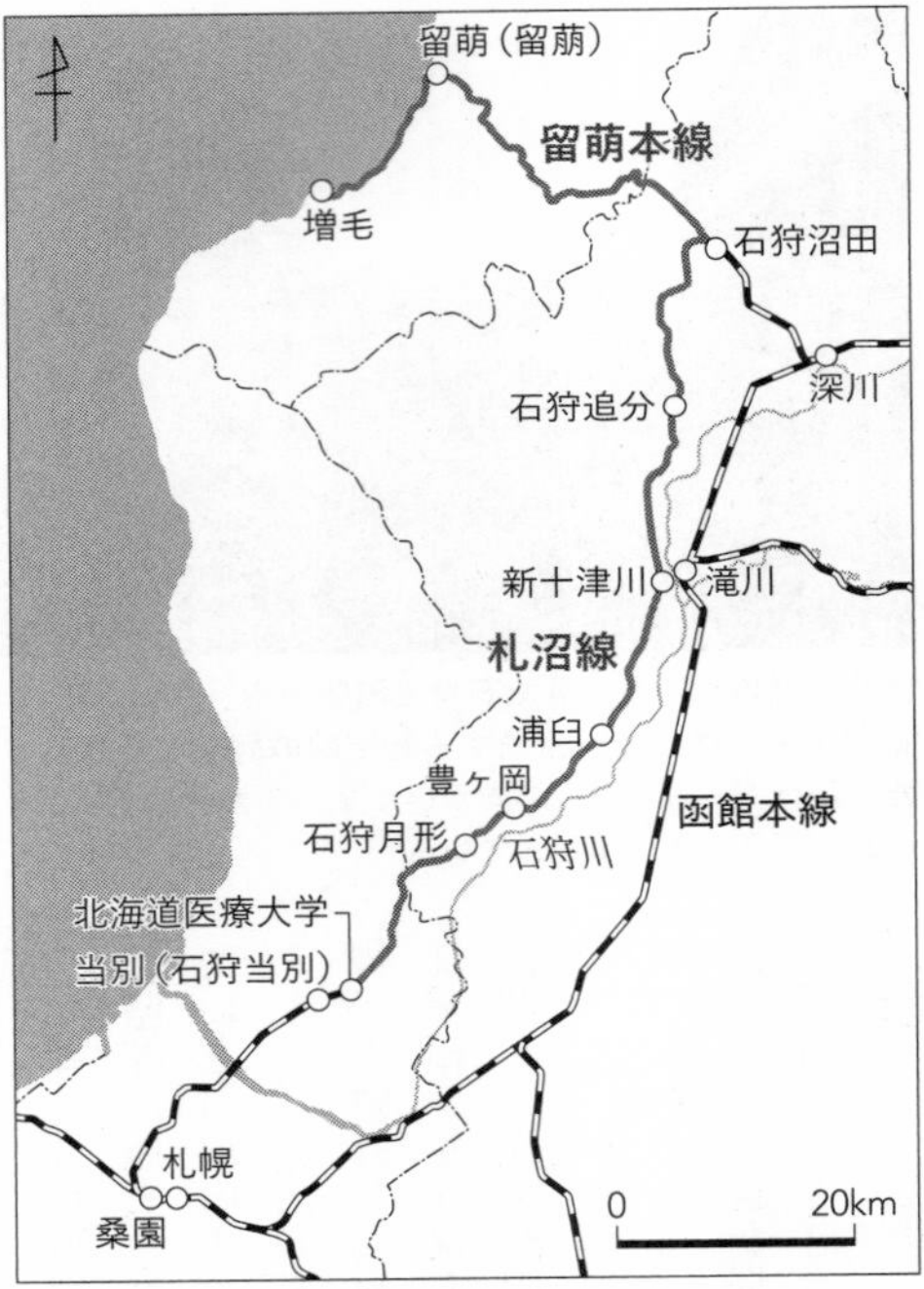

札沼線、留萌本線

国有鉄道という交通手段は、当該路線単独の採算性のみを考慮するのではなく、中長期的な地域開発の目的も踏まえて建設される建前になっている。開業後の運営も国鉄が行うから、沿線住民や地元自治体はその存続のためのコストをほとんど負担しないまま、交通の便益だけを享受できることになる。沿線住民にとって国鉄線は、いわば既得権的な存在だったのであり、それを廃止されると言われれば、国鉄全体の財政の健全化とか国民全体の経済的利益のためといった抽象的な理由では、沿線住民が素直に賛同しないのも無理はなかっただろう。

ただ、札沼線の場合は、同区間を廃止すれば関係自治体に特別交付金が交付されるという交換条件が提示され、最終的にこれが受け入れられた。廃線後はもともと並走していた国鉄バスが増便され、引き続き国鉄が公共交通機関としての役割を担い続けるという点も、地元の理解が得られた一因かもしれないが、最大の要因は、営業路線の廃止が行われた場合に、国鉄や地方公共団体などに交付される「国鉄合理化促進特別交付金」の存在であった。廃線に協力した国鉄や自治体に国の予算から金を出すということは、国鉄の合理化が独立採算の事業体である国鉄自身の問題だけではなく国全体の問題である、と考えられていたことを端的に示している。

こうして、札沼線新十津川～石狩沼田間は昭和47年6月19日に廃線となった。34・9キロという廃線区間の長さは、赤字83線として廃止された11線区の中では最長であった。

廃止された区間はその後、区画整理などが進んだため、廃線から50年を経た現在ではほとんど痕跡は残っていない。国鉄バスが担っていた代替バス路線は、平成15年（2003）に地元のバス会社へ移管されたが、平成20年に路線が短縮され、石狩沼田側の一部区間が町営バスに切り替えられた。残存区間も令和2年（2020）に運転手不足のため大幅減便が繰り返され、令和4年には全線廃止となっている。

北方の終点だった石狩沼田駅は、令和8年3月末での全線廃止が予定されている留萌本線の暫定的な終着駅となっている。同駅で令和6年現在も現役で使用されている1番線ホームは、半世紀前までは札沼線の発着ホームで、留萌本線の列車は2・3番線に発着していたという。

新十津川以南の残存区間はその後、JR北海道に引き継がれた。だが、国鉄時代に貨物営業が廃止された同線は札幌近郊の区間が通勤路線として高架化・電化されるなど発展を遂げる一方、新十津川へ続く北方の路線は非電化の閑散ローカル線として細々と運行が続けられ、末端区間は1日1往復のみの運転となるなど利用客が極端に少なくなってしまった（188ページ）。

結局、非電化区間の北海道医療大学（ほっかいどういりょうだいがく）〜新十津川間47・6キロは、令和2年5月限りで廃止。新十津川駅はすでに解体されており、やがて留萌本線の全線廃止によって石狩沼田駅もなくなれば、赤字83線として消えた札沼線北部の痕跡はほとんど見られなくなることだろう。

『日本列島改造論』で廃線促進策は中断

この札沼線の一部廃止のわずか8日前に、通商産業大臣（現・経済産業大臣）の田中角栄は、1ヵ月後に予定されていた自由民主党総裁選挙に向けた自身の政見構想を発表した。その名は「日本列島改造論」。札沼線廃止の翌日に刊行された同名の書籍は、翌月の総裁選挙に勝った田中が首相に就任すると、田中内閣の政策そのものの代名詞的存在となり、1年間で91万部を売り上げる史上空前の大ベストセラーとなった。

田中はその『日本列島改造論』の中で、「すべての鉄道が完全にもうかるならば、民間企業にまかせればよい。私企業と同じ物差しで国鉄の赤字を論じ、再建を語るべきではない」と述べ、赤字を理由にローカル線を廃止する政策を真っ向から否定した。

このような交通政策を掲げる内閣の下で、赤字ローカル線の廃線促進が進むはずはなかった。

表5　田中内閣発足（昭和47年7月）から国鉄再建法施行（昭和55年12月）までに新規開業した国鉄ローカル線（後に「幹線」指定された区間は除く）

線名	区間	キロ程（km）	開業年月日	備考
高千穂線	日ノ影〜高千穂	12.5	昭47（1972）.7.22	特定地方交通線として平成元年に高千穂鉄道へ移管。平成17年に台風被災のため休線。平成20年に正式廃止
白糠線	上茶路〜北進	7.9	昭47.9.8.	特定地方交通線として昭和58年に廃止
大隅線	海潟温泉〜国分	33.5	昭47.9.9.	特定地方交通線として昭和62年に廃止
越美北線	勝原〜九頭竜湖	10.2	昭47.12.15.	
盛線	綾里〜吉浜	12.5	昭48（1973）.7.1.	特定地方交通線として昭和59年に三陸鉄道へ移管
伊勢線	南四日市〜津	26.0	昭48.9.1.	特定地方交通線として昭和62年に伊勢鉄道へ移管
牟岐線	牟岐〜海部	11.6	昭48.10.1.	阿波海南〜海部は令和2年に阿佐海岸鉄道へ移管
予土線	江川崎〜若井	42.7	昭49（1974）.3.1.	
久慈線	久慈〜普代	26.0	昭50（1975）.7.20.	特定地方交通線として昭和59年に三陸鉄道へ移管
三江線	浜原〜口羽	29.6	昭50.8.31.	平成30年に廃止
岡多線	北野桝塚〜新豊田	10.8	昭51（1976）.4.26.	特定地方交通線として昭和63年に愛知環状鉄道へ移管
気仙沼線	柳津〜本吉	34.0	昭52（1977）.12.11.	東日本大震災による被災後、BRTで復旧。鉄道は令和2年に正式廃止

むしろ、新規のローカル線の建設が各地で進められ、田中内閣成立から昭和53年（1978）までに、赤字83線として廃止された全路線の2倍以上に及ぶ距離の国鉄ローカル線が新たに開業している（表5）。

2 モータリゼーションによる中小私鉄の廃線

鉄道の優位性が揺らいだ昭和30〜40年代

戦後の日本の鉄道史を追っていくと、昭和30〜40年代の時期についての記述に、「モータリゼーション」というカタカナ語が出てくる。「motorization」という英語をそのままカタカナ化した言葉で、試しに手元にある英和辞典を開いてみると、「動力化、電動化」という意味と「自動車化、モータリゼーション」という意味が併記されている。後者のカタカナ語は英和辞典としては不十分ではないかと思うのだが、「モータリゼーション」というカタカナ語がかつてそのまま日本語として頻繁に使われたことを物語っている。ただ、平成以降の日本では、もっぱら戦後の日本の交通事情を振り返る文脈でのみ見られる歴史的な用語と化しており、逆に適切な日本語訳の必要度が高くなっているかもしれない。

戦後の鉄道史で用いられるモータリゼーションという言葉は、「自動車化」にもう少し補足して、「自動車社会化」とでも置き換えればわかりやすいだろうか。昭和30年代以降、日本の自動車メーカーは量販体制を整備し、自動車の個人需要が拡大していった。乗用車の需要に占める個人比率は、昭和37年（1962）の14パーセントから昭和42年には39パーセント、昭和45年には50・6パーセントに達している。また、昭和39年には全国で181キロしかなかった高速道路が、昭和49年には1519キロにまで拡大した。マイカー保有率の向上と道路整備の進化が著しかったこの頃が日本の自動車社会化、つまりモータリゼーションが進行した時期ということになる。

この交通事情の変化は、輸送機関別のシェアの推移にも表れている。昭和30年度から昭和40年度までの10年間における旅客輸送の年平均伸び率は、定期航空が29・5パーセント、乗用車が25・5パーセントで、バスの13・1パーセント、国鉄の6・6パーセント、私鉄の6・1パーセントをいずれも大きく引き離している。

貨物輸送においても、同じ10年間で鉄道（国鉄と私鉄の合計）の貨物輸送量の年平均増加率は2・8パーセントだったのに対し、海運は10・8パーセント、自動車は17・7パーセントと高い成長率を示していた。昭和41年度には、貨物の輸送トンキロ（輸送した貨物のトン数×輸送距離）のシェアで自動車が国鉄を逆転している。明治以来続いていた、独占的、安定的な交通手段としての鉄道の地位は失われ、自動車が鉄道を上回る交通手段に成長したのである。国鉄の単年度収支が赤字に転落したのは昭和39年度であり、赤字の慢性化が問題視されるようになった時期がモータリゼーションの進行期と重なっている。

地方の中小私鉄が相次いで廃線に

もっとも、赤字83線の廃止促進策の経緯からもわかるように、国鉄の場合は採算性だけでなく、公共交通機関として果たすべき機能がそれなりに重視されていた。赤字83線の廃線策に事実上ストップをかけた『日本列島改造論』の著者である田中角栄は、昭和36年（1961）に運輸省内の諮問機関である鉄道建設審議会（鉄建審）の会合で、「鉄道はやむを得ない事であるならば赤字を出してもよい」と断言し、「もうからないところでも定時の運行をして経済発展という立場でこそ国有鉄道法の必要が私はあると思うのである」と主張していた。

当然ながら、この建前は私鉄にはあてはまらない。越後（えちご）交通という私鉄（越後交通の鉄道事業は昭和50年に旅客営業が廃止され、平成7年〔1995〕に鉄道事業そのものが全廃されている）の社長でもあった田中自身、同じ会合で「（鉄道が）もうかる企業であるならば国がやる必要がない。私鉄にやらせればよい」と発言し、国鉄と私鉄の存在意義の違いを明確に認識している。

モータリゼーションの進行によって自動車輸送に旅客や貨物を奪われた地方私鉄は、国鉄と同じような国の手厚い保護は望めない。昭和30年代の前半期は、全国の私鉄のうち都市部を中心に路線網を有する大手私鉄は総じて経営改善の傾向を示していたのに対し、中小私鉄の経営は路線バスの拡大や地方の過疎化などによって悪化傾向を示していた、との分析がある（佐藤信之『日本のローカル線　150年全史　その成り立ちから未来への展望まで』清談社Publico、令和5年（2023））。昭和30年代後半になると、中小私鉄の経営状況は兼業部門の好業績に支えられつつ、鉄軌道業営業利益率は年々低下していた。昭和40年度の『運輸白書』はこの状況について、「中小私鉄では鉄軌道業が年々悪化の傾向にあるため兼業への依存度が高くなった」ことの表れと評価している。

その後も、昭和40年代の『運輸白書』では「経営の状況」の「民営鉄道」の節において、毎年、中小私鉄の経営悪化が報告されている。特に昭和45年度から昭和48年度までは、毎年、前年度に150キロ前後の中小私鉄が廃止されていて、前年度の営業成績との正確な比較ができない旨の断り書きがあるほどだ。

リゾート高原をのんびり走った草軽電気鉄道

そのように、自動車輸送との競争に敗れて姿を消した全国各地の地方私鉄の中で、今なお語り継がれる知名度の高い路線の一つに、草軽電気鉄道がある。その名の通り、長野県の軽井沢から群馬県の草津温泉までを結ぶ軌間762ミリの軽便鉄道で、スイスの登山鉄道にヒントを得て建設されたと言われている。日本初のカラー映画『カルメン故郷に帰る』（昭和26年（1951））では、主人公たちが乗った列車の走行シーンや北軽井沢駅の到着シーンなど、現役当時の草軽電気鉄道の貴重なカラー映像が頻繁に登場している。

草軽電気鉄道は大正４年（１９１５）、新軽井沢～小瀬（のちの小瀬温泉）間がまず開業。その後、浅間山麓の高原地帯を徐々に北上し、大正15年に草津温泉まで全線開通した。

全線を走る列車の所要時間は昭和初期には約４時間、昭和30年代初めでも３時間半前後で、

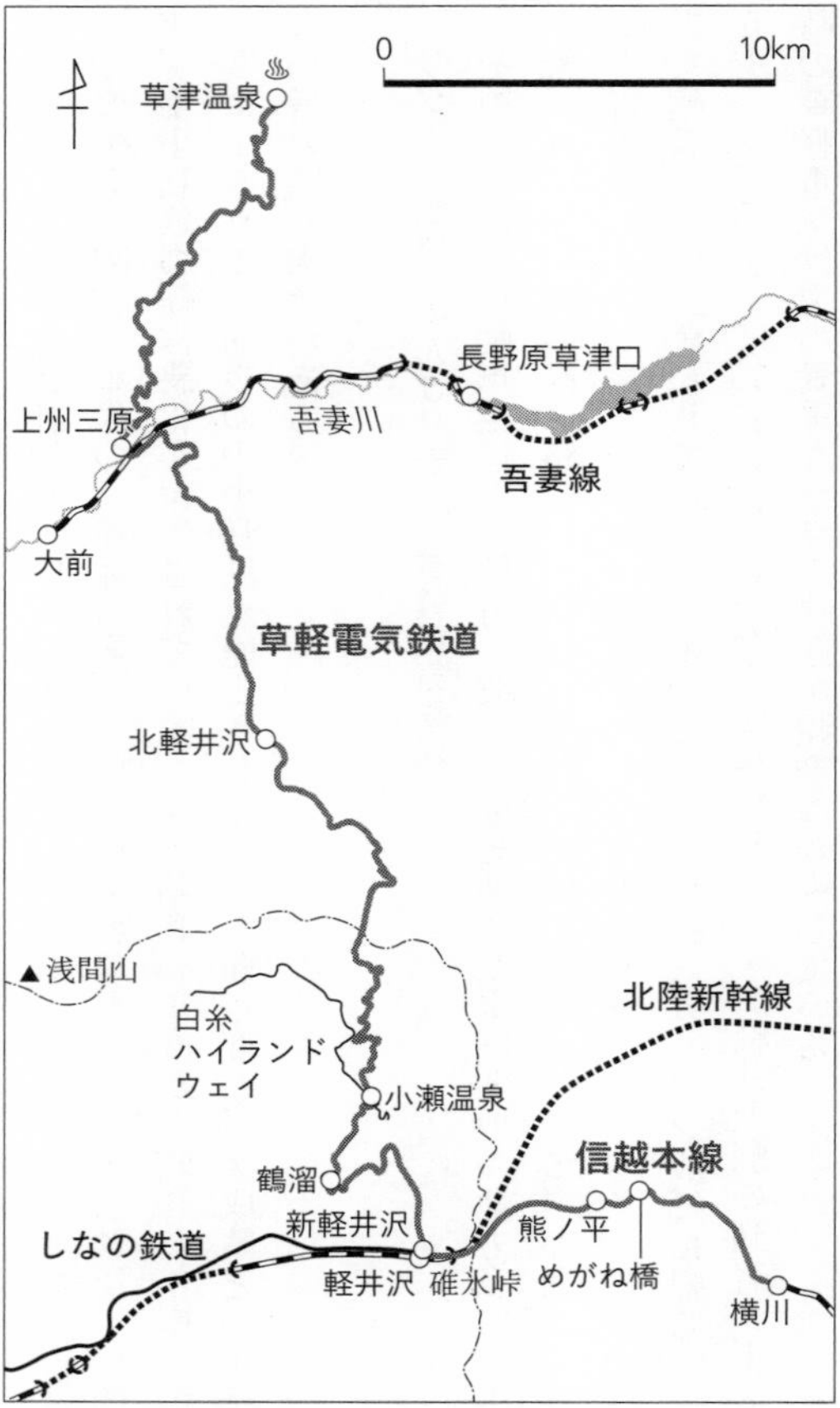

草軽電気鉄道と碓氷峠

後者の表定速度（途中駅などの停車時間も含めた運行速度）は時速15キロ程度というのんびりした鉄道だった。建設コストを抑えるためトンネルは一つも造られず、地形図の等高線に沿うようなルートをとり、急カーブやスイッチバックを繰り返して高原を登り下りしていた。軽井沢から草津までの直線距離は30キロ強なのに、草軽電気鉄道の全線が55・5キロにも及んでいるのは、そうした理由による。

それでも、道路事情がよくなかった地域の旅客輸送や物流を担い、昭和21年には年間の乗客数が46万人に達している。だが、同年に国鉄長野原線（現・JR吾妻線）が渋川〜長野原（現・長野原草津口）間で旅客営業を開始すると、首都圏から草津への旅客の流れは国鉄線へと徐々にシフト。さらに、軽井沢周辺での道路整備も進み、輸送手段の主役の座はバスやトラックへと移っていった。しかも、戦後は大型台風によって線路崩壊や橋梁流失などの被害を何度も受ける不運に見舞われた。

結局、昭和34年の台風第7号でまたも橋梁流失などの被害を受けると、不通区間を含む新軽井沢側の南方区間（新軽井沢〜上州三原）37・9キロは翌昭和35年に廃止。草津温泉側の残存区間17・6キロも昭和37年に廃止された。廃線後は草軽交通と社名を変え、現在も軽井沢を中心とするバス会社として営業を続けている。軽井沢駅前に発着する同社の草津温泉行き急行バスの所要時間は、令和6年（２０２４）現在、最短76分である。

「カブトムシ」の愛称で親しまれた草軽電気鉄道の電気機関車（軽井沢駅前）

観光ルート付近に点在する廃線跡

軽井沢や草津温泉といった著名な観光地を結び、トンネルがなく車窓の眺めが良い景勝路線だったことや、「カブトムシ」のニックネームを持つユーモラスな形の電気機関車が走っていたことなどから、草軽電気鉄道の名は、モータリゼーション進行の前半期に姿を消した地方の中小私鉄の代表的な存在として、今も語り継がれている。

とはいっても、すでに廃線から60年以上が経って（た）おり、変化した街並みの中を走っていた路線の痕跡は消え、道路に転用されなかった山間部の線路跡は自然へと回帰しつつある。昭和63年（1988）に線路跡を探訪した紀行作品『失われた鉄道を求めて』（宮脇俊三、平成元年〔1989〕、文藝春秋）にも、廃線後28年の時点で、無人の山間部のルートがすでに道なき道と化していたと記されている。そんな廃線跡を、令和4年（2022）12月に新軽井沢側から辿ってみた。

始発駅だった新軽井沢駅があったJR軽井沢駅前は、北陸新幹線の開業によって60年前の面

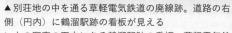

▲別荘地の中を通る草軽電気鉄道の廃線跡。道路の右側（円内）に鶴溜駅跡の看板が見える
▶上の写真の円内にある鶴溜駅跡の看板。草軽電気鉄道開業100周年にあたる平成27年に設置された

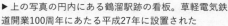

影はほぼなくなっている。駅前広場の片隅に「カブトムシ」と呼ばれた大正9年（1920）製の小さな電気機関車が保存されているのが、かろうじて現役時代を偲ばせる。

新軽井沢駅跡から北上する廃線跡は、観光客で賑わう街並みを抜けて、別荘地に変貌した静かな森の中を通っている。鶴溜駅があった場所には小さな看板が立てられているが、この看板が草軽交通によって設置されたのは平成27年のこと。廃線後55年も経ってから、別荘地の居住者以外にほとんど通行する人も車もない線路跡の細道の傍らにこうした看板が立てられること自体、草軽電気鉄道の歴史が地元で今も一定の存在感を有していることを物語っている。

山野に消えた線路跡は、白糸ハイランドウェイという有料の観光道路から垣間見ることができる。有料通行区間の途中に唐松沢という草軽交通のバス停がある。四方を雑木林に囲まれていて、こんなところにバス停を設けても利用者がいるとは思えない場所なのだが、そこから行き止まりの脇道に入った少し先に、かつて小瀬温泉駅があった。現在も営業している小瀬温泉ホテルからはかなり離れている。

雑木林の中にある小瀬温泉駅跡から見た新軽井沢方面の廃線跡。映画『山鳩』には、ほぼ同じ位置で新軽井沢からの列車が到着するシーンがある

国登録の有形文化財として保存されている北軽井沢駅舎と復元された駅ホーム

昭和32年に公開された映画『山鳩(やまばと)』では、この小瀬温泉駅が「落葉松沢(からまつざわ)」という架空の駅名で登場し、主演の森繁久彌(もりしげひさや)がその駅長を務めている。現在の「唐松沢」というバス停名は、この映画の中の架空駅名に由来しているという。

今や駅跡は木々が生い茂るばかりで、ここに鉄道の駅があったことを示す手がかりは何もない。現場で正確な駅の場所を推定するのも容易ではない。ただ、駅跡のやや南側には、有料道路から分岐する線路跡の林道があり、季節によっては鉄道の築堤の上らしい場所を歩くこともできる。

新軽井沢から25・8キロの地点にあった北軽井沢には、全線で唯一、廃線前に使用されていた駅舎が現存し、国の有形文化財に登録されている。映画『カルメン故郷に帰る』にも登場する旧駅舎は、屋根の形が寺院風、正面玄関は和洋折衷様式という珍しいデザインで昭和5年に建設されたもの。草軽交通のバスが発着する隣の北軽井沢観光協会の建物内では、展示されている鉄道時代の資料を観覧できる。

過疎化によって沿線から人の姿自体が消えた多くの廃線跡と異なり、草軽電気鉄道の場合は、今も多くの観光客を乗せたバスや自家用車、レンタカーなどが並行道路を快走し、賑わいを見せている。それだけに、モータリゼーションの影響による廃線、という背景をわかりやすく示している好例と言えるだろう。

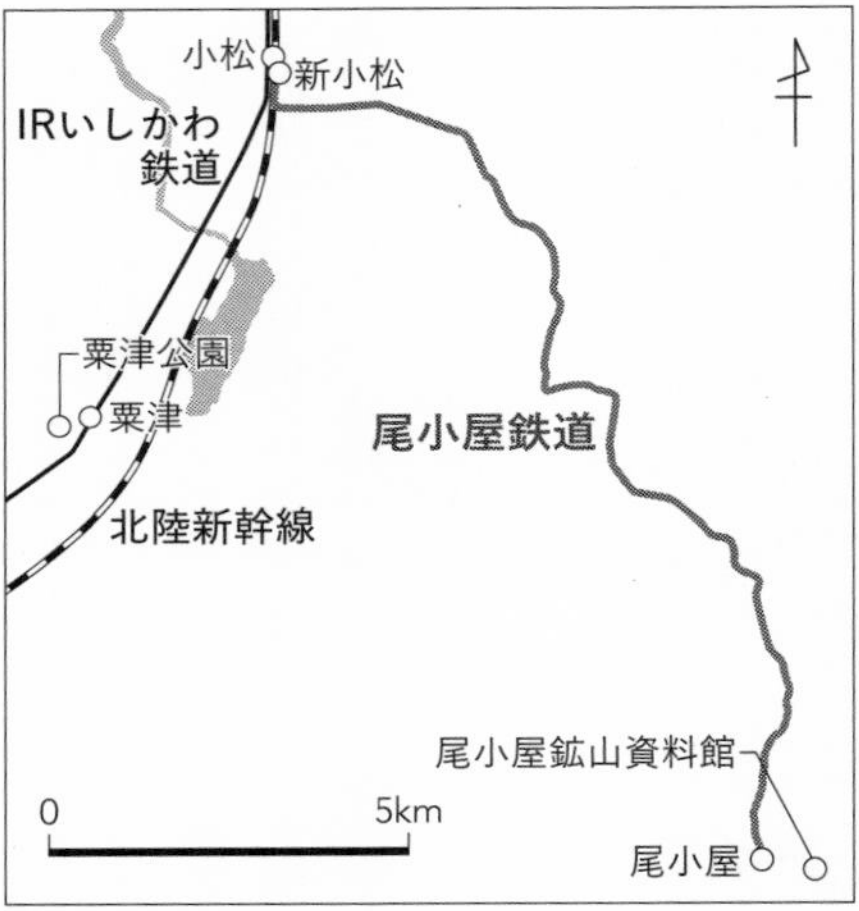

尾小屋鉄道

最後の非電化軽便鉄道・尾小屋鉄道

モータリゼーション進行の前半期に消えた中小私鉄の代表例が草軽電気鉄道だとすれば、後半期にあたる昭和40年代以降の廃線私鉄で名高いのは、石川県を走っていた尾小屋鉄道ではないだろうか。廃線となったのは昭和52年（1977）3月で、旅客営業を行う非電化の軽便鉄道（軌間762ミリ）としては日本全国で最後の路線だった。

大正8年（1919）に新小松～尾小屋間が開業した当時は、尾小屋鉱山の鉱山長であった正田順太郎という個人名義で敷設された路線だった。翌大正9年に正田個人から事業会社である合名会社横山鉱業部へ鉄道の権利が移され、昭和4年に尾小屋鉄道と改称。以後、日本鉱業、名古屋鉄道（名鉄）と系列会社は変わったものの、尾小屋鉄道の名で運行され続けた。

鉱山長の名義で鉄道が敷かれた経緯からわかるように、尾小屋は鉱山の町であった。江戸時代は小規模な金山だったが、明治になって大量の銅が産出されるようになり、尾小屋は鉱業従事業者が住む町として賑わった。最盛期には約5000人が暮らしていたという。昭和30年代半ばには、毎年100万人以上の利用者があったと記録されている。

一方、軌間1067ミリの国鉄とは車両が直通できないことから、鉱石輸送はまず尾小屋駅で貨車に積載し、新小松駅でさらに国鉄の貨車へと積み替えを要した。そのため、鉱山から国鉄の小松（こまつ）駅まで直行できるトラック輸送へと徐々に切り替わり、昭和32年には鉱石輸送はほぼ廃止されている。貨物輸送でトラックとの競争に負けたという点では、モータリゼーション前半期にその影響を強く受けたと言えよう。

その後、旅客主体で営業運行を続けたが、輸入鉱に押されて尾小屋鉱山の規模が縮小するとともに、沿線からは人口流出が続いた。名鉄グループの傘下では沿線の観光開発なども計画されたというが、功を奏することはなかった。昭和46年に尾小屋鉱山が閉山し、利用者の減少が止まらなかった尾小屋鉄道は昭和52年、あえなく全線廃止となったのであった。モータリゼーションの後半期は、自家用車の普及もさることながら、鉱山の閉鎖によって、尾小屋はじめ沿線各地で過疎化が急速に進行した影響が大きかったように思われる。

人口16人となり代替バスも廃止

尾小屋鉄道は鉄道廃止後、会社名を小松バスへと変更し、小松駅から尾小屋までの路線バスなどを運行していたが、令和3年（2021）、北陸鉄道グループの加賀温泉（かがおんせん）バスに吸収合併

尾小屋行きの路線バス。1日1往復だけの運行にもかかわらず、乗客はゼロだった（令和4年）

され、北鉄加賀バスとなった。尾小屋までの路線バスは、最後は1日1往復にまで減便され、令和4年11月末をもって尾小屋側の山間部の区間が廃止。ついに公共交通機関が尾小屋から撤退した。廃止後は、小松市が予約型の乗合タクシーを走らせることで代替の交通手段としている。

最後まで残っていた尾小屋までの1往復のバスは、朝8時55分に尾小屋から小松駅へ向かい、午後は13時20分に小松駅を出て14時06分に尾小屋へ到着するというダイヤだった。つまり、尾小屋の住民が朝から小松駅方面へ出かけて、昼過ぎに帰って来ることのみを想定しており、小松市街から尾小屋行きのバスで終点まで乗っても戻りの交通手段がないのだ。これでは、旅行者がバスで尾小屋を訪ねるのは、事実上困難であった。

区間廃止を目前に控えた令和4年11月中旬のある日も、尾小屋行きのバスには乗客が1人もいなかった。乗務していた運転手曰く、この日に限らず、尾小屋のバス停を利用する地元住民はほとんどいないとのこと。かつて5000人が生活し、小松市街よりも栄えていたと言われる尾小屋町の同年11月時点の人口は、わずかに7世帯16人だけ。バス停からさらに先へと道路が続き、民家が並んでいるが、そのほとんどは空き家と思われる。鉄道の代替バスまで廃止されてしまうのも、無理からぬことなのだろう。

バス停から小さな川を挟んだ向かい側の空き地は、尾小屋鉄道の終点・尾小屋駅の構内だった場所である。今もホームや線路、それに蒸気機関車が方向転換するための転車台（ターンテーブル）の遺構が残っている。錆び付いた線路の上に立つと、幅が狭い軽便鉄道であったことが実感できる。線路の分岐方向を切り替えるポイント（転轍機）は、廃線から半世紀近く経っているのに手動で切り替えができた。

かつての尾小屋駅構内跡。線路の左側にある転轍機は今でも手で動かせる

その尾小屋駅跡から、空き家が並ぶ小集落と雑木林に囲まれた県道160号線をさらに奥へ進んだところに、県立の尾小屋鉱山資料館があり、その目の前に、廃線まで運行されていたディーゼルカーや客車、蒸気機関車が保存展示されている。ふだんは「ポッポ汽車展示館」という小松市立の施設である屋根付きの保管庫で自由に見学できるほか、年数回の公開運転イベントではわずかながら屋外まで走行し、体験乗車もでき

るように、ボランティア団体の手によってメンテナンスされている。

人里離れた尾小屋まで足を延ばさなくとも、IRいしかわ鉄道粟津駅から徒歩5分のところにある石川県営の粟津公園には、全長473メートルの線路が園内に敷設され、尾小屋鉄道の車両が「なかよし鉄道」の名で子供向けの遊戯施設として動態保存されている（口絵⑦）。冬季を除く週末と水曜日の週3日運行され、誰でも無料で乗車できるのだ。尾小屋鉄道の廃線から7年後の昭和59年に運行が開始され、すでに約40年の歴史を重ねている。

市立公園内の施設ということで、保存車両も小松市が所有・管理している。遊戯施設とはいえ、いわば〝市営鉄道〟として安定した管理下に置かれていることは、産業遺産として永続的に継承されやすい動態保存スタイルと言える。

もっとも、公共施設として長く運行され続けるには、市民の理解も不可欠であろう。このなかよし鉄道といい、尾小屋のポッポ汽車展示館といい、尾小屋鉄道が鉄道愛好家だけでなく、地元の市民にも広く愛された軽便鉄道だったことが窺える。

3　国鉄再建法による特定地方交通線の廃止

強制力を持った廃線政策の登場

昭和40年代に廃線が試みられた赤字83線問題は、法的な強制力を伴う政策ではなかったこともあり、実質的な成果を挙げるには至らなかった。対象路線を廃止しようとする一方で、赤字確実なローカル線を新規開業するような状況では、廃線対象とされた路線の沿線住民に対する説得力にも乏しかった。

その間にも、国鉄の経営状態は年々悪化していった。年度ごとの『運輸白書』によれば、東海道新幹線が開業した昭和39年（１９６４）度決算ですでに３００億円の純損失を生じて８年ぶりの単年度赤字となったが、営業収支の上ではまだ黒字だった。同年度時点での長期債務残高は８３１３億円であった。

それが、『日本列島改造論』を掲げた田中角栄内閣の誕生直前にあたる昭和46年度の決算では純損失が２３４２億円、長期債務残高は3兆８７１億円にまで膨れ上がった。昭和53年度には、特別勘定を含む長期債務残高が10兆円を超えている（同年度の純損失は８８６７億円）。

こうした膨大な赤字の元凶は、貨物輸送の非効率性と地方の赤字ローカル線の存在にあると考えられていた。そこで、昭和55年末に成立した「日本国有鉄道経営再建促進特別措置法」（昭和44年に制定された日本国有鉄道財政再建促進特別措置法〔55ページ〕とは異なる）、通称国鉄再建法に基づき、全国の国鉄路線のうち、収支均衡を確保することが困難な路線が地方交通線に分類されることになった。そのうえで、従来は全国一律の計算方法によって算出されていた国鉄の運賃のうち、地方交通線には割増運賃が導入できるようになったのだ。

令和6年（２０２４）現在でも、ＪＲ各社の路線はこの国鉄再建法に基づく幹線と地方交通

表6　国鉄再建法に基づく地方交通線の分類

分類				
幹線	下記①②のいずれかに該当する路線			
	①旅客輸送密度が1日8,000人以上 ②貨物輸送密度が1日4,000トン以上			
地方交通線	旅客輸送密度が1日4,000人以上8,000人未満			
	旅客輸送密度が1日4,000人未満	ピーク時の旅客が1時間あたり片道1,000人以上		
		代替輸送道路がない		
		代替輸送道路の積雪不通日数が年間10日以上		
		普通旅客平均乗車キロが30キロを超え、かつ旅客輸送密度1日1,000人以上		
		特定地方交通線	第1次	営業キロが30キロ以下で、かつ旅客輸送密度1日2,000人未満の行き止まり線（石炭輸送量が72万トン以上の路線は除く）
				営業キロが50キロ以下で、かつ旅客輸送密度1日500人未満の行き止まり線
			第2次	旅客輸送密度1日2,000人未満で、かつ第1次選定路線以外の路線
			第3次	旅客輸送密度が1日2,000人以上4,000人未満で、かつ第1次・第2次選定路線以外の路線

線の区分を採用している。本州のJR3社とJR北海道が、地方交通線の運賃計算の際に営業キロとは別に用いている「換算キロ」（正式名称は「賃率換算キロ」）という概念が導入されたのは、昭和59年のことである。

さらに、国鉄再建法とその施行令（昭和56年成立）は、この地方交通線をさらに細分化した（表6）。国鉄路線として維持することが難しく、バスに転換することが適当と判断できる路線を特定地方交通線として選定することになったのだ。

選定された路線は、具体的な廃止時期や代替輸送の確保に関して関係する地方公共団体等との間で協議することが義務づけられた。廃線を円滑に進めるため、バスなどによる代替輸送事業を行うための初期費用などへの充当資金として、路線1キロにつき3000万円を限度として転換交付金が地元市町村に交付されるほか、転換後5年間は代替輸送による赤字を代替事業者に補塡するなどの財政面でのサポートも準備された。

一方で、2年間協議しても合意が得られなければ、国鉄が一方的に廃止手続きを進めることを認める条文まで定められていた。赤字83線問題の際にはなかった、廃線を実行するための法的な強制力であり、「今度こそ、国鉄の赤字路線は何が何でも廃止する」という政策意思の表れだったとも言えよう。

3次にわたる選定で約1800キロが廃線に

特定地方交通線の選定は、表6の通り、路線の長さや線形（行き止まり型の盲腸線かどうか）、そして旅客輸送密度（1キロあたりの1日平均旅客輸送人員）が一定基準（4000人）を下回っているかどうか、により、3回に分けて判断された。旅客輸送密度の数値は、昭和52年（1977）度から昭和54年度までの3年度分を基準期間として機械的に算出。そのうち、ピーク時の輸送量、平均乗車距離、代替道路の整備状況などを勘案した除外要件を満たす路線は、選定対象から除かれている。また、貨物輸送密度が一定基準を上回る路線は、旅客輸送密度が4000人未満でも選定対象から外された。

表7・表8は、第1次から第3次まで、実際に選定された特定地方交通線の一覧である。昭

第1次	岩内線	北海道	小沢～岩内	14.9	昭60.7.1.	バス	
	興浜北線	北海道	浜頓別～北見枝幸	30.4		バス	
	大畑線	青森	下北～大畑	18.0		民鉄	平成13年に廃線
	興浜南線	北海道	興部～雄武	19.9	昭60.7.15.	バス	
	美幸線	北海道	美深～仁宇布	21.2	昭60.9.17.	バス	
	矢島線	秋田	羽後本荘～羽後矢島	23.0	昭60.10.1.	3セク	
	明知線	岐阜	恵那～明知	25.2	昭60.11.16.	3セク	
	甘木線	佐賀・福岡	基山～甘木	14.0	昭61(1986).4.1.	3セク	
	高森線	熊本	立野～高森	17.7		3セク	
第2次	漆生線	福岡	下鴨生～下山田	7.9		バス	
第1次	丸森線	宮城	槻木～丸森	17.4	昭61.7.1.	3セク	
	角館線	秋田	角館～松葉	19.2	昭61.11.1.	3セク	
第2次	阿仁合線	秋田	鷹ノ巣～比立内	46.1		3セク	
	胆振線	北海道	伊達紋別～倶知安	83.0		バス	
	富内線	北海道	鵡川～日高町	82.5		バス	
	越美南線	岐阜	美濃太田～北濃	72.2	昭61.12.11.	3セク	
	宮之城線	鹿児島	川内～薩摩大口	66.1	昭62(1987).1.10.	バス	
	広尾線	北海道	帯広～広尾	84.0	昭62.2.2.	バス	
	大隅線	鹿児島	志布志～国分	98.3	昭62.3.14.	バス	
	二俣線	静岡	掛川～新所原	67.9	昭62.3.15.	3セク	
	瀬棚線	北海道	国縫～瀬棚	48.4	昭62.3.16.	バス	
	湧網線	北海道	中湧別～網走	89.8	昭62.3.20.	バス	
	士幌線	北海道	帯広～十勝三股	78.3	昭62.3.23.	バス	
	伊勢線	三重	河原田～津	22.3	昭62.3.27.	3セク	
	佐賀線	佐賀・福岡	佐賀～瀬高	24.1	昭62.3.28.	バス	
	志布志線	宮崎・鹿児島	西都城～志布志	38.6		バス	
	羽幌線	北海道	留萠～幌延	141.1	昭62.3.30.	バス	

＊「転換の形態」の「3セク」は「第3セクター鉄道」のこと

表7　特定地方交通線一覧（貨物線を除く。国鉄民営化前の昭和61年度末まで）

指定区分	路線名	都道府県	区間	キロ程（km）	廃止年月日	転換の形態*	備考
第1次	白糠線	北海道	白糠～北進	33.1	昭58（1983）.10.23.	バス	
	久慈線	岩手	久慈～普代	26.0	昭59（1984）.4.1.	3セク	
	宮古線	岩手	宮古～田老	12.8		3セク	
	盛線	岩手	盛～吉浜	21.5		3セク	
	日中線	福島	喜多方～熱塩	11.6		バス	
	赤谷線	新潟	新発田～東赤谷	18.9		バス	
	魚沼線	新潟	来迎寺～西小千谷	12.6		バス	
	清水港線	静岡	清水～三保	8.3		バス	
	神岡線	富山・岐阜	猪谷～神岡	20.3	昭59.10.1.	3セク	平成18年に廃線
	樽見線	岐阜	大垣～美濃神海	24.0	昭59.10.6.	3セク	
	黒石線	青森	川部～黒石	6.6	昭59.11.1.	民鉄	平成10年に廃線
	高砂線	兵庫	加古川～高砂	6.3	昭59.12.1.	バス	
	宮原線	大分・熊本	恵良～肥後小国	26.6		バス	
	妻線	宮崎	佐土原～杉安	19.3		バス	
	小松島線	徳島	中田～小松島	1.9	昭60（1985）.3.14.	バス	
	相生線	北海道	美幌～北見相生	36.8	昭60.4.1.	バス	
	渚滑線	北海道	渚滑～北見滝ノ上	34.3		バス	
	万字線	北海道	志文～万字炭山	23.8		バス	
	北条線	兵庫	粟生～北条町	13.8		3セク	
	三木線	兵庫	厄神～三木	6.8		3セク	平成20年に廃線
	倉吉線	鳥取	倉吉～山守	20.0		バス	
	香月線	福岡	中間～香月	3.5		バス	
	勝田線	福岡	吉塚～筑前勝田	13.8		バス	
	添田線	福岡	香春～添田	12.1		バス	
	室木線	福岡	遠賀川～室木	11.2		バス	
	矢部線	福岡	羽犬塚～黒木	19.7		バス	

第3次	長井線	山形	赤湯～荒砥	30.6	昭63.10.25.	3セク	
第2次	足尾線	群馬・栃木	桐生～間藤	44.1	平元(1989).3.29.	3セク	
	高千穂線	宮崎	延岡～高千穂	50.1	平元.4.28.	3セク	平成17年に台風被災で休線、その後復旧せず廃線
	標津線	北海道	標茶～根室標津	69.4	平元.4.30.	バス	
			中標津～厚床	47.5			
	天北線	北海道	音威子府～南稚内	148.9	平元.5.1.	バス	
	名寄本線	北海道	名寄～遠軽	138.1		バス	
			中湧別～湧別	4.9			
	池北線	北海道	池田～北見	140.0	平元.6.4.	3セク	平成18年に廃線
第3次	伊田線	福岡	直方～田川伊田	16.2	平元.10.1.	3セク	
	糸田線	福岡	金田～田川後藤寺	6.9		3セク	
	田川線	福岡	行橋～田川伊田	26.3		3セク	
	湯前線	熊本	人吉～湯前	24.9		3セク	人吉は現・人吉温泉
	宮田線	福岡	勝野～筑前宮田	5.3	平元.12.23.	バス	
	宮津線	京都・兵庫	西舞鶴～豊岡	83.6	平2(1990).4.1.	3セク	
	鍛冶屋線	兵庫	野村～鍛冶屋	13.2		バス	野村は現・西脇市
	大社線	島根	出雲市～大社	7.5		バス	

＊「転換の形態」の「3セク」は「第3セクター鉄道」のこと

表8　特定地方交通線一覧（貨物線を除く。JRが発足した昭和62年度以降）

指定区分	路線名	都道府県	区間	キロ程（km）	廃止年月日	転換の形態*	備考
第1次	信楽線	滋賀	貴生川〜信楽	14.8	昭62(1987).7.13.	3セク	
第2次	幌内線	北海道	岩見沢〜幾春別	18.1		バス	
	会津線	福島	西若松〜会津高原	57.4	昭62.7.16.	3セク	会津高原は現・会津高原尾瀬口
	岩日線	山口	川西〜錦町	32.7	昭62.7.25.	3セク	
第1次	若桜線	鳥取	郡家〜若桜	19.2	昭62.10.14.	3セク	
第3次	岡多線	愛知	岡崎〜新豊田	19.5	昭63(1988).1.31.	3セク	
第2次	松前線	北海道	木古内〜松前	50.8	昭63.2.1.	バス	
	山野線	熊本・鹿児島	水俣〜栗野	55.7		バス	
第1次	木原線	千葉	大原〜上総中野	26.9	昭63.3.24.	3セク	
第3次	能登線	石川	穴水〜蛸島	61.1	昭63.3.25.	3セク	平成17年に廃線
	中村線	高知	窪川〜中村	43.4	昭63.4.1.	3セク	
第2次	松浦線	佐賀・長崎	有田〜佐世保	93.9		3セク	
	真岡線	茨城・栃木	下館〜茂木	42.0	昭63.4.11.	3セク	
	歌志内線	北海道	砂川〜歌志内	14.5	昭63.4.25.	バス	
	上山田線	福岡	飯塚〜豊前川崎	25.9	昭63.9.1.	バス	

和56年9月に選定された第1次地方交通線は40線区、727・4キロ。このうち18線区、327・2キロは新たに設立された第3セクター鉄道や地元の既存私鉄などに経営移管されたが、22線区、400・2キロはバスに転換され、廃線となった。

旅客輸送密度が2000人未満である第2次特定地方交通線は当初、33線区2166・5キロを選定して運輸大臣への申請が行われた。これに対して昭和59年6月にまず27線区、1535・8キロが承認され、6線区は代替バス運行の可否を調査する必要があるとして承認が保留されている。このうち4線区はいずれも北海道の長距離路線（標津線、池北線、名寄本線、天北線。いわゆる「長大4線」）で、冬季における代替道路の不通状況などが調査されたうえで、昭和60年8月に追加承認。他方、他の2線区（岩手県の岩泉線〔104ページ〕と三重県の名松線〔128ページ〕）は調査の結果、代替道路が未整備でバス運行は困難であるとして、同年9月に承認申請が取り下げられた。結局、31線区が選定され、そのうち11線区、668・7キロは第3セクター鉄道として存続したが、20線区、1415・9キロが消滅している。

第3次特定地方交通線の選定は、12線区、338・5キロを対象として昭和61年4月に行われた。旅客輸送密度が2000人を上回る、特定地方交通線の中では比較的利用者が多い路線だったこともあり、第3セクター鉄道への移管が9線区、312・5キロが生き残った。バス転換への道を選んで廃線に至ったのは3線区、わずか26・0キロであった。

国鉄再建法はその名の通り、赤字ローカル線の運営を国鉄から切り離して経営再建を図ることが目的であって、対象路線を何が何でも鉄道として存続させないことを目指していたわけではない。したがって、国鉄の手を離れればバスであろうと鉄道であろうと、代替輸送の形態は不問のはずである。だが、代替輸送が赤字の場合の5年間の損失補塡措置は、バス転換の場合は全額だが、別の鉄道会社への転換の場合は半額に限られていた。にもかかわらず、全83線区のうち38線区が新設の第3セクター会社または既存私鉄等による鉄道としての存続を選択したことは、赤字ローカル線の沿線自治体やその住民の多くが、公共交通機関としての鉄道の存在にバス以上の価値を認めていたことの表れではないだろうか。

こうして、3次にわたり選定された特定地方交通線（貨物線を除く）のうち、1308・4キロは別の経営主体による鉄道へと切り替わり、1842・1キロがバスに転換されて廃線となった。選定路線のバスまたは別会社による鉄道への転換が完了したのは平成2年（1990）4月のことであった。

もっとも、赤字ローカル線を国鉄から切り離しただけで、国鉄の経営状態が劇的に改善されたわけではない。特定地方交通線の転換がまだ進行中だった昭和62年には、国鉄の分割・民営化が実施されたが、このとき、国鉄清算事業団が引き継いだ国鉄の長期債務残高は25兆5200億円に達していた。その後は国の一般会計に組み込まれ、国鉄解体から25年後の令和3年（2021）度末（令和4年3月末）時点でなお15兆5678億円が残っている。日本が日露戦争のポンド建て戦時国債を完済したのは約80年後の昭和61年、ドイツが第1次世界大戦の賠償金を払い終えたのは約90年後の２０１０年だったというが、さて、国鉄が後世の国民に遺したこの膨大な借金が解消されるまでには、あとどのくらいの年月がかかるだろうか。

三者三様の経緯を辿った兵庫の〝加古川3支線〟

山陽本線の加古川から内陸部に向かって北東方面に走るＪＲ西日本の加古川線（加古川～谷川）は、かつて50キロ足らずの路線内から、特定地方交通線を３線区も分岐していた。沿線に目立った観光地などはなく、特急・急行列車も走っていない兵庫県内完結型の地味な近郊路線だが、それら３線区はいずれも加古川線からの直通列車が乗り入れていて、時刻表に掲載されている同線の運行ダイヤは賑々しかった。

加古川からわずか７・４キロの厄神を起点としていた三木線（厄神～三木）は、第１次特定地方交通線に選定され、昭和60年４月に第３セクターの三木鉄道へと転換された。また、厄神から９・２キロ、３駅隣の粟生から分岐していた北条線（粟生～北条町）13・８キロも、同じく第１次特定地方交通線に選定されたが、こちらも第３セクター鉄道としての存続の道を選び、三木鉄道と同日に北条鉄道として独立している。

粟生からさらに14・６キロ先の西脇市は、平成２年（１９９０）までは野村という駅名だった。ここから13・２キロ北方へ延びていた鍛冶屋線（野村～鍛冶屋）は、昭和52～54年の旅客輸送人員が２０３９人と、第１次・第２次の特定地方交通線の選定基準である２０００人をわずかに上回ったため、加古川3支線の中では唯一、第3次の選定に回った。野村駅の1駅隣に、この地域の中心地に近い西脇駅があり、野村〜西脇間の1区間は特に利用者が多かったことが影響したと思われる。

加古川線と三木鉄道、北条鉄道、鍛冶屋線

ところが、第1次特定地方交通線として先に第3セクター化された三木鉄道と北条鉄道の経営状況が転換当初から必ずしも好調でなかったことで、両鉄道の株主として設立を支援した兵庫県が、鍛冶屋線の第3セクター化に対する支援に難色を示した。両線より利用者数が多く、特定地方交通線としての選定が後回しになった鍛冶屋線にとっては、皮肉な展開である。

鍛冶屋線沿線では、利用客

数が特に多い野村〜西脇間のみの部分存続なども模索されたが、最終的には平成2年3月末限りで全線廃止され、バスに転換。これが、昭和58年に北海道・白糠線（白糠〜北進）から始まった国鉄再建法による特定地方交通線の最後の廃線例となった（他に、島根県の大社線〔出雲市〜大社〕も同日限りで廃止。京都府の宮津線〔西舞鶴〜豊岡〕は翌日から第3セクター鉄道に転換）。

存続した2線区のうち、三木鉄道はその後も乗客の減少が止まらず、第3セクター化の際に交付された転換交付金も底を突き、三木市の予算で赤字を補填する状況が続いていた。そのため、三木市の財政再建のため「三木鉄道の廃止」を選挙公約に掲げた市長が平成18年に当選すると、廃線に向けた動きが一気に加速。平成20年3月限りで三木鉄道は全線廃止となり、会社も解散している。廃線後は、兵庫県内にバス路線網を展開している神姫バスが代替輸送を担っている。

第3セクター化で直通列車がなくなり不便に

加古川線とその3つの支線は、廃線区間も含めて平成初期に何度か乗車している。令和4年（2022）11月になって、ようやく、それらを再訪する機会を得た。

国鉄三木線、そして後継の三木鉄道の列車は、JR加古川線厄神駅の旧3番線ホームに発着していた。現在も加古川方面への列車が発着する2番線の向かい側がその場所で、駅の北側にある加古川線の車両基地の真横に、単線だった三木鉄道の道床跡が今もまっすぐ三木方面へ延びている。旧3番線ホームの加古川側には赤錆(あかさ)びた線路が残っていて、ホームの外れで加古川線と合流しているが、この線路を三木鉄道の旅客列車が走ることはなかった。

　三木鉄道が転換当初から営業不振だった大きな理由の一つが、この厄神での乗り換えにあっ

厄神駅に停車する三木鉄道のレールバス（平成12年）

現在の厄神駅旧３番線ホーム。三木鉄道のレールバスは断ち切られた線路の先に発着していた

現役時代の三木駅（平成12年）

上とほぼ同じ位置から撮影した三木駅跡。現在は旧駅舎を活用した鉄道記念公園になっている

たと言われている。国鉄時代は加古川線と一体的なダイヤが組まれており、三木線を走る列車の大半は、今は赤錆びたこの3番線への線路を通って、加古川まで直通運転を実施していた。ところが、三木鉄道は国鉄とは別会社であるという事情により直通列車がなくなり、厄神駅で

両線を結んでいた3番線のレールも途中で断ち切られてしまったのだ。

開業後に中間駅を3駅から7駅へと倍増させるなど、沿線住民の利用促進を図る施策は行われてはいた。だが、三木鉄道線内の運賃が国鉄時代より高くなり、国鉄・JRとの連絡運賃も割高になったのに、従前はなかった乗り換えを強いられるようになったローカル鉄道が、日常的な利用者を新たに獲得して安定した運営ができるという見通しは、どこまで的確だったのだろうか。

しかも、終点の三木駅の近くには神戸電鉄粟生線の三木（昭和63年〔1988〕3月以前は「電鉄三木」）駅があり、神戸市内まで1時間足らずで直行できる。三木市内の両駅は徒歩10分以上かかる場所に離れて立地しており、三木鉄道と神戸電鉄を三木で乗り継ぐのは難しい（私は平成12年〔2000〕に神戸電鉄の三木駅から三木鉄道の三木駅まで歩いて乗り継いだことがあるが、同様の乗り継ぎ客は他に誰もいなかった）。そうなると、沿線にさしたる観光地などない三木鉄道の利用者が限られてしまうのは、やむを得なかっただろう。

サイクリングロードとして整備された三木鉄道の廃線跡と別所（べっしょ）駅跡

廃線から2年後の平成22年、旧三木駅跡は三木鉄道記念公園として開放された。三木駅舎は曳屋（ひきや）・改装されて、鉄道現役時代の資料が展示された交流スペースになっている。

三木市内に残っていた線路跡の敷地は、廃線10年後の平成30年に遊歩道として整備され、令和4年にはサイクリングもできるようにリニューアルされている。国鉄時代から開設されていた途中駅には、当時の駅舎を活用して改装された休憩所が設けられ、ここに小さな鉄道駅があったことを伝えている。

転用道路に現役時代の鍛冶屋線の面影を見る

加古川3支線で起点の加古川から最も離れた内陸部を走っていた鍛冶屋線は、加古川線の支線というより、同線の延長区間のような存在だった。

起点の野村（現・西脇市）駅の北側で、鍛冶屋線は隣駅の西脇へ向かってまっすぐ進み、谷川へ向かう加古川線が右へカーブして本線（鍛冶屋線）から離れていくような線形になっていた。これは、野村〜西脇間の開業が大正2年（1913）で、大正13年に開業した加古川線の野村〜谷川間より早く、しかも現在の厄神から西脇まで播州（ばんしゅう）鉄道という同一路線として建設された経緯による。

列車の運行ダイヤも、加古川線の野村〜谷川間の列車は加古川へは直通せず、逆に鍛冶屋線の列車はほとんどが加古川発着だった。市販の時刻表でも、加古川〜野村〜鍛冶屋間が同じページに掲載され、野村～谷川間は加古川線とは別路線であるかのように別欄扱いだった。

私は平成2年（1990）3月下旬、廃線直前の鍛冶屋線に乗って野村～鍛冶屋間を往復したことがある。廃線を惜しむ鉄道愛好家が全国から集結し、閑散とした赤字ローカル線の日常

鍛冶屋線列車の運転席から見た市原駅（平成２年）

上とほぼ同じ角度から撮影（令和４年）。駅の先に見える民家は当時と変わらない。駅跡には記念館が開設され、ディーゼルカーが保存されている

風景はすでになかったが、あまりの車内の混雑ぶりゆえに、ディーゼルカーの運転士の判断で混雑緩和のため運転室後方のドアが開放され、その真後ろに立っていた私ほか数名の立ち客が運転室内に入って鍛冶屋まで乗車することが許可された。とりわけ、中学生だった私は、運転

鍛冶屋駅に停車する廃止直前のディーゼルカー（平成2年）

上とほぼ同じ角度から撮影（令和4年）。駅舎は鍛冶屋線記念館として公開されている

席真横の助手席に座ることを許され、まるで小田急ロマンスカーの展望席のような眺望を野村から鍛冶屋まで全線にわたって楽しむ僥倖に恵まれたことを、今でもよく覚えている。安全確保やコンプライアンスに関する意識が変化した現在では許されないことかもしれないが……。

あれから30年以上が経ち、鍛冶屋線の廃線跡はほとんどが遊歩道や道路に転用された。特に、旧西脇駅の北方では線路跡が県道144号線や日野北バイパスなどの自動車道路となっており、ドライブすると、現役時代の鍛冶屋線の運転席からの眺めを追体験することができる。ただし、当初は神姫バスが引き受けた廃線区間の転換バス路線は、令和6年（2024）現在、ウイング神姫という子会社に移管されており、現行路線は必ずしも鍛冶屋線時代の駅を忠実に辿っているわけではない。

西脇駅跡から線路跡沿いに北上すると、市原駅があった場所に大正9年建築の洋風駅舎を復元した記念館が建てられ、現役時代の鍛冶屋線の資料が公開されている。その記念館に隣接する道路沿いには、鍛冶屋線や加古川線を走っていたディーゼルカーが、ホームに停車するように保存されている。他の途中駅だった場所も、それぞれ鉄道駅だったことを記念する公園になっている。

終点の鍛冶屋駅舎も、改装されて鍛冶屋線記念館になっている。駅舎に面したホームにディーゼルカーが1両保存されている様子も、現役時代の光景を偲ばせる。地味な路線だったせいか、訪れる人は多くはないようだが、途中駅まで含めて廃線跡のほぼ全区間が、鍛冶屋線という鉄道の存在を丁寧に語り継いでいる。

資金調達の工夫で活性化する北条鉄道

幸いにして廃線を免れ、現在も旅客営業を続けている北条鉄道についても、廃線に至った他の2線区との関係上、触れておきたい。

国鉄時代の北条線も三木線や鍛冶屋線と同じく、加古川線との一体的な運行ダイヤが組まれていた。ただ、粟生で加古川線へと乗り換えやすいように設定されていた代わりに、直通列車の本数は限られていた。そのため、北条鉄道となって加古川線との直通運行がなくなったこと自体は、三木鉄道に比べると影響は少なかった。

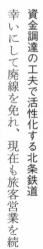

国鉄時代から使用されている法華口（ほっけぐち）駅舎（左）とその先に新設された列車行き違い用ホーム（右奥）

とはいえ、開業当初から経営が苦しかったのは三木鉄道と同じで、やがて転換交付金が底を突いて地元の加西（かさい）市が赤字を負担するという経緯まで似た境遇にあった。

だが、神戸電鉄がある三木市と異なり、加西市内にある鉄道は北条鉄道のみ。加古川線と接続する始発駅の粟生は、神戸方面へ直結する神戸電鉄との乗り換え駅でもあり、神戸方面への通勤路線としての活路はある。そうした状況を踏まえて、加西市は、北条鉄道を支援する道を選んだのである。

令和4年から北条鉄道を走り始めた旧国鉄ディーゼルカー・キハ40（右。昭和54年・新潟鐵工所製）。令和3年までJR東日本・五能（ごのう）線を走っていた。左奥は通常運行用のディーゼルカー（北条町）

もともと同線は、全国に散在する国鉄から転換した第3セクター鉄道の中では、比較的地味な存在だったと言ってよい。それは、かつての加古川3支線に共通していた問題点でもある。目立った景勝区間があるわけではないし、走っている車両も三木鉄道とほぼ同形式のレールバスだけ。皮肉なことに、三木鉄道の廃線直前の平成20年（2008）3月には、三木鉄道を訪れた鉄道愛好家が「〝ついでに〟北条鉄道にも立ち寄った」（杉山淳一「廃線の危機から脱出できるか？　第三セクター・北条鉄道の挑戦」『Business Media 誠』2009〔平成21〕年2月4日付）ことで、同年度の北条鉄道の収益が前年度を大幅に上回ったという。それは、ふだんは鉄道愛好家ですら注目度が低かったいる。

ことの裏返しでもある。

ただ、沿線人口が減少傾向にある中で、北条鉄道の利用客数は開業以来、年間30万人前後でずっと推移している。平成26年度には営業収益が過去最高値を更新。新型コロナウイルス禍で一時減少した輸送人員数も、令和3年（2021）度にはコロナ禍前のレベルにまで回復している。

さらなる乗客の増加に対応するには、列車の増便が必要となる。そこで北条鉄道は、企業版ふるさと納税（正式名称は「地方創生応援税制」。平成28年創設）や国の幹線鉄道等活性化事業費補助などの制度をフル活用して途中の法華口駅に列車の行き違い設備を造り、増便を実現。さらに、クラウドファンディングで集めた資金で、JR東日本から旧国鉄製のディーゼルカーを購入した。車齢40年を超える老車両だが、国鉄スタイルの現役ディーゼルカーは稀少価値があることから、この車両が目当ての鉄道愛好家が北条鉄道に注目するようになったのだ。

あの手この手で活性化を図る北条鉄道の奮闘ぶりを見ると、姿を消した鍛冶屋線や三木鉄道との間で、〝生死〟の差を分けた要因に想いを巡らせずにはいられない。鍛冶屋線が三木線、北条線と同じ第1次特定地方交通線に選定されていたら逆に生き残れたのではないか、ふるさと納税やクラウドファンディングの制度がもっと前からあったら三木鉄道にもチャンスがあっただろうか、などと仮想したところで、どうにもならないことではあるのだが……。

第四章　災害による廃線

1　被災によって復旧を断念した路線

ローカル私鉄は被災すると復活困難に

列車が安全に走れる環境にない路線には、定められたダイヤ通りに列車が走らない（走れない）。ただ、事故や災害などが原因で一時的に列車が安全に走れる環境が失われたとしても、鉄道会社は列車を運行して収益を上げる状態を回復するため、正常な列車の運行を再開し、休線状態を脱するのに全力を尽くすのが通常である。

ところが、自然災害が大規模で、路線の多くの箇所で線路や列車の運行設備に被害が生じると、元通りに復旧させるための莫大な費用を捻出できる財政的な体力がない鉄道会社は、いくら列車の運行を再開したくても現実問題として再開できない。法令上、勝手に廃線にはできな

いとしても、復旧できない現実を変えられるわけではない。そして、書類上は廃線になっていなくても、列車が走らない駅や線路が手入れなく放置されれば、原状回復はどんどん難しくなる。そうなると、現状を追認するかのように廃線という結末に至ることになる。

廃線や休線に国の許可が必要だった平成12年（2000）の鉄道事業法改正前でも、自然災害によって列車が運行不能になった路線が、そのまま復旧せずに廃線に追い込まれるケースは見られた。

鹿児島県の薩摩（さつま）半島西岸部を走っていた鹿児島交通枕崎線（まくらざき）（伊集院（いじゅういん）〜枕崎）は、昭和58年（1983）6月に発生した豪雨によって、線路の路盤が流失するなどの被害が発生。被災区間の一部は運行を再開することなく、翌昭和59年3月に全線廃止となった。

もともと同線は被災前から営業成績が不振で、鹿児島交通は全線をバスに転換して鉄道事業を廃止する意向を示し、沿線自治体や労働組合がこれに反対する事態が生じていた。だが、豪雨によって損壊した路線を復旧し、老朽化した施設を改良するために巨額の資金を要する事態に直面すると、民営鉄道にそこまでの経営努力を要求するのはさすがに無理だと理解した沿線自治体が、廃線に同意せざるを得なくなった。豪雨災害による不通は、結果的に、沿線自治体が廃線を受け入れるきっかけになったとも言えよう。

平成12年の鉄道事業法の改正後にも、同じく九州の宮崎県を走っていた高千穂（たかちほ）鉄道（延岡（のべおか）〜高千穂）が、台風によって全線が甚大な被害を受け、運行再開できずに廃線に追い込まれている。鹿児島交通は今もバス会社として存続しているが、高千穂鉄道は廃線によって会社自体が消滅してしまっている。

高千穂鉄道は国鉄末期に第2次特定地方交通線に指定された高千穂線を第3セクター鉄道に転換して、平成元年に開業した。線内には日本一高い鉄道橋として知られた高千穂橋梁（高さ105メートル）があり、トロッコ列車を同橋梁上に走らせるなどして観光客の増加に繋げていた。

だが、平成17年の台風で複数の橋梁が流失するなど、全線にわたって甚大な被害を受けると、もともと赤字ローカル線を転換した同鉄道に自力復旧できる財政力があるはずもなく、名物だった高千穂橋梁の区間も含めて全線廃止を余儀なくされたのであった（155ページ表10参照）。鹿児島交通のケースと異なり、被災前の高千穂鉄道は直近の廃線など計画していなかったので、台風によって列車の運行が突然不可能になり、そのまま会社ごとなくなってしまうという事態は、誰も予想していなかった災難だったに違いない。

地方私鉄だった鹿児島交通も、第3セクター鉄道だった高千穂鉄道も、会社の事業規模に照らせば、被災した鉄道路線の営業成績が会社全体の存立に直結していた。そうした路線が大規模な自然災害によって損壊したときに、復旧費用の捻出を民間会社の自己責任の原則に委ねてしまうと、ふだんからギリギリの利益で運営されていた路線はほとんど復活の余地がないことになる。そこで、沿線自治体がその路線をどこまで支援して存続させようとするか、また国の公的支援制度は地方鉄道の災害からの復旧をどの程度後押しするか、といったことが、近年はしばしば議論されている。

JRで増えつつある〝被災廃線〟の先例・岩泉線

一方、地方私鉄や第3セクター鉄道に比べれば会社自体の事業規模がはるかに大きいJR各社の場合は、一部の地方ローカル線の存在が直ちに会社の存続を危うくするような事態は考えにくい。

ところが、高千穂鉄道が先例（？）となったのか、大規模な自然災害によって列車の運行が不可能なほどに施設が損壊したJRのローカル線が、そのまま復旧されることなく廃止される例が、近年ではさほど珍しいことではなくなった。JRの財政力をもってすれば復旧工事そのものが不可能というわけではないが、復旧したところで再び恒常的に大幅な赤字を生み出すだけのローカル線を、わざわざ高額な費用をかけて元通りにするのではなく、被災をきっかけに思い切って手放すというのは、公共交通機関を担う特殊な会社として成立したJRという会社の成り立ちに照らせば議論の余地はあるが、民間企業の経営判断としては不自然ではない。

その最初の廃線例は、岩手県の三陸（さんりく）海岸に近い山間部を走る岩泉線だった。同線は、盛岡と宮古（みやこ）を結ぶ山田（やまだ）線の茂市（もいち）から北方へ分岐し、岩泉までは38・4キロ。全線が岩手県内に属している。本来は岩泉からさらに東へ延伸し、三陸海岸沿いの小本（おもと）（現・三陸鉄道岩泉小本（いわいずみおもと）駅）まで建設される計画だったが、昭和47年（１９７２）に岩泉まで開通した後は延長の見通しは立たなかった。

岩泉には日本三大鍾乳洞の一つとされる龍泉洞があり、昭和50年代には年間40万人前後の観光客が訪れていた。そのため、岩泉線の開通直後は観光客の増加に伴い列車の利用実績が一時的に増えた時期もある。だが、その後は利用客の低落が止まらず、昭和57年には国鉄再建法によって第2次特定地方交通線に選定されている。

ところが岩手県は、路線に並行する国道３４０号線が、バスに転換した場合の代替道路に適していないという理由で廃線に反対した。当時の運輸省も現地調査を実施した結果、昭和59年に岩泉線を含む6路線について、特定地方交通線としての廃止承認を保留した。そして翌昭和60年、運輸省は岩泉線と三重県の名松線の2路線に対して、廃止承認の先送りを決定。国鉄は廃止承認申請を取り下げた。これにより、旅客輸送の実態に照らせば国鉄再建法の下で廃線になるはずだった岩泉線は、JR化以降も存続することになったのである。

とはいえ、沿線人口は減少を続け、自家用車の保有率が向上した時代に、全線を走る旅客列車が1日わずか3往復（他に茂市～岩手和井内間の区間列車が1往復）だけでは多くの利用客は見込めない。国鉄再建法で特定地方交通線の選定根拠となった昭和52～54年度の旅客輸送密度（平均通過人員）は1日1キロあたり６６７人だったのに、JR化初年度の昭和62年度は１８０人。それから22年が経った平成21年（２００９）度にはわずか46人にまで落ち込み、全国のJ

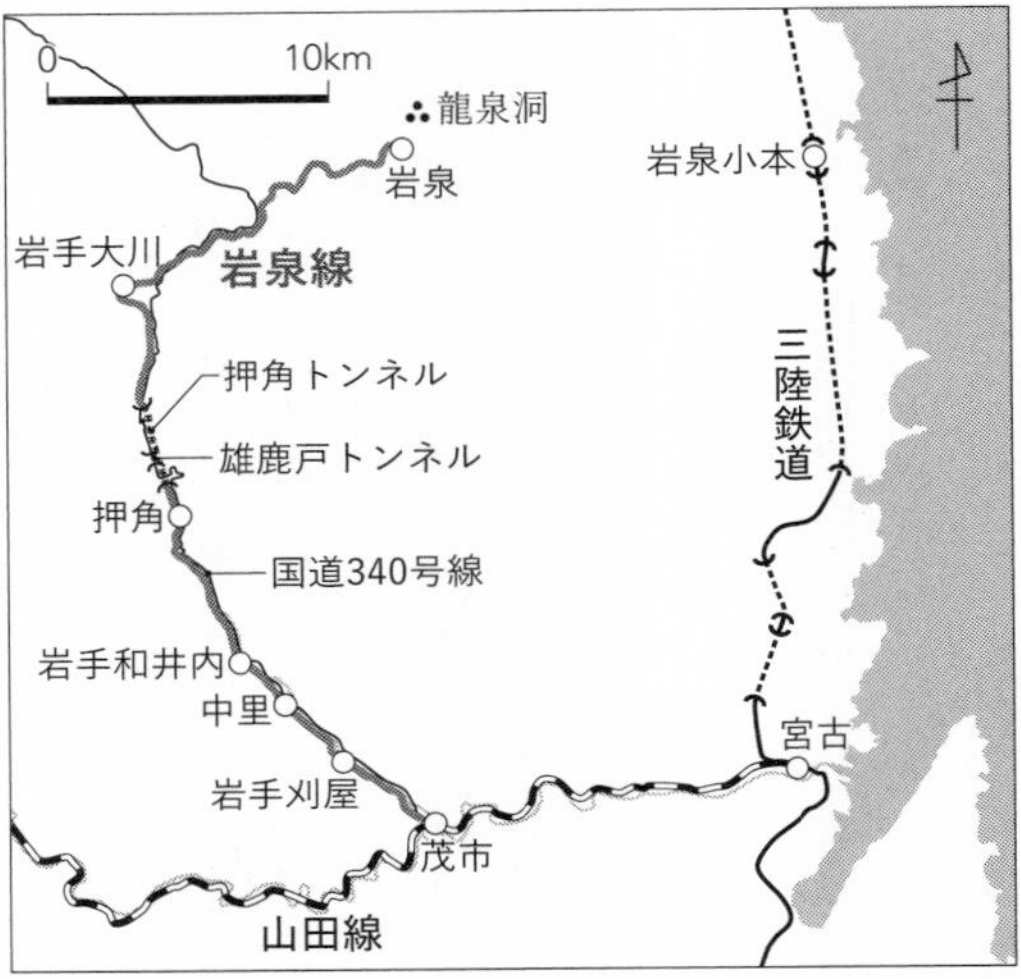

岩泉線

R線の中でダントツの最下位だった。ちなみに、同年度の山手線の1キロあたりの平均通過人員は1日あたり106万7000人を超えていた。岩泉線と比較したとき、両路線が同じ鉄道会社に所属し、同じ運賃体系で利用できる鉄道路線とは思えない。

土砂崩れ事故を機に全線を再点検したら廃線に

その岩泉線をある日突然、全線にわたってストップさせたのが、平成22年（2010）7月31日早朝に発生した押角～岩手大川間での土砂崩れ現場における旅客列車の脱線事故だった。岩泉行きのディーゼルカーが、線路脇斜面の崩落によって線路上に堆積した土砂に突っ込んで脱線・転覆し、乗客と乗務員に負傷者が出たのである。現場は見通しが悪いカーブの先にあり、非常ブレーキが間に合わなかったという。前日までは雨が降っていたものの、当日は同線に設置された雨量計が運行規制値に達しておらず、現場の土砂も乾いていたことから、事故調査にあたった運輸安全委員会は、崩落の原因は雨ではなく、斜面の岩盤が経年によって風化したことにある、と結論づけている。

運行列車が多い幹線区間であれば、再発防止のための原因究明と並行して、可能な限り列車の運行を早期に再開するための対策も講じられたかもしれない。だが、幸か不幸か旅客利用実績が全国でダントツ最下位の岩泉線にそのような緊急性はなく、また、雨が大して降っていなかったのに土砂崩れが起きたという稀少事例であったことも踏まえ、事故発生後も運行再開を急がず、茂市〜岩泉間の全線にわたって詳細な安全点検が行われた。

その結果、山あいを走る同線では、事故現場以外にも岩盤崩落や巨大な落石の危険がある箇所が100ヵ所以上あり、その対策費用に少なくとも130億円を要するとの試算結果が出た。事故前年度の平成21年度に運賃収入がわずか800万円、運行経費等は2億6500万円に及び、差し引き2億5700万円の赤字を計上していた岩泉線に、この130億円を支出して復旧することをJRがためらうのも、無理はなかっただろう。

結局、土砂崩れによる事故後に再び岩泉線を列車が走ることはなく、平成26年4月1日付で全線が正式に廃止された。同日付といっても書類上の話に過ぎず、すでに列車が走らなくなって4年近く経っていたこともあったためか、廃線に伴うセレモニーなどは行われなかったという。

「不備」とされた渓谷の代替道路

子供の頃から長く東京都内に住んでいても東京タワーには一度しか足を運んだことがないのに、全国のJR線で最も営業実績が悪かった岩泉線には廃線前に2度も乗車していた私は、令和4年（2022）10月、3度目の現地訪問を試みた。もう列車は走っていないので、昭和末期にいったんは「代替道路として不備」と認定され、岩泉線を生きながらえさせた国道340号線を、自動車で自ら走ってみることにした。

整備不良ゆえに岩泉線を平成以降も長く存続させた国道340号線は、廃線跡の活用による観光事業と代替道路への転用工事現場、そしてすでに開通した真新しい廃線跡転用トンネルが混在し、混沌とした様相を呈していた。さらに、道路から離れた線路跡やその周辺には、鉄道が消えた地域独特の寂寥感が集落全体に漂っていて、国鉄以来の赤字ローカル線がどのような地域を走っていたのか、ということを訪れる者に無言で語りかけてくる。

令和3年にバス停の待合所のような簡素な駅舎に建て替えられた茂市駅には、かつて岩泉線の列車が発着した駅舎寄りの1番線ホーム跡に、今も「岩手刈屋」という隣駅名を表示した駅名標が残されている。その1番線は線路が撤去されて使用できなくなっているが、山田線の列車が発着するホームは今も2・3番線で、1番線は欠番扱いとなっている。この駅舎前に岩泉線の代替バスが発着するのだが、朝夕各2便（1日4便）しか運行されないため、それ以外のほとんどの時間帯は駅前にも人の姿は見られず、ひっそりとしている。

茂市駅の西側で山田線の線路から離れた岩泉線の廃線跡は、刈屋川(かりやがわ)に沿って北西方向に延びている。茂市から3つめの駅だった岩手和井内駅は、自転車のようにペダルをこいで線路上を自走するレールバイクの発着地点となっている。廃線跡を活用した地域おこしの一策で、ここ

岩手和井内駅に停車する茂市方面行きディーゼルカー（平成19年）

上とほぼ同じ位置から撮影（令和４年）。レールバイクの発着地点として観光客向けに整備されている

から茂市寄りの隣駅だった中里駅までの２・８キロを往復できる。

　かつての駅舎は、レールバイクの事務所と待合室に転用されている。鉄道の現役当時は観光客の来訪など全く想定されない無人のローカル駅だったが、現在は国道を挟んで向かい側に土産物屋が営業している。レールバイクは鉄道が廃線になったからこそ営業できるので、岩泉線が運行していたらこの観光施設は成立しない。

廃線後も国道340号線上に残されている押角駅への案内看板（令和４年）。看板が矢印で示す左折道路はすでに消滅している

　土砂崩れによる事故の発生前は、全線を走る３往復の列車のほかに、早朝に宮古からの直通列車がこの岩手和井内までやって来て折り返す区間列車が毎日１往復設定されていた。こんな無名の小駅を始発駅としていた理由は、現在の国道３４０号線を岩手和井内駅跡から岩泉方面へ３分近く自動車を走らせればわかる。国道沿いにかろうじて集まったり点在したりしていた人家が姿を消し、道路の右側から山の斜面が迫ってきて集落が尽きるのだ。

　まもなく緩やかな上り坂が始まったと思ったら、そこで上下２車線の道路は終わり、センターラインのない一本道が林の中へと続いていく。道路の左側は刈屋川、右側は落石防止ネットが張られた断崖で、道路は地形に沿って右へ左へと何度もカーブを繰り返す。対向車両との行き違いは時折設けられている待避スペースを利用する。このような細道で、反対側から大型の貨物トラックなどが現れると、私のような慣れない外来ドライバーはちょっと戸惑ってしまう。

押角駅に接近する岩泉線ディーゼルカー（平成19年）。ホーム上で通学生が列車を待っている

上とほぼ同じ角度から撮影（令和４年）。撤去された枕木や勾配標識などが線路跡の右側にまとめて置かれている

この細い国道の途中に、岩泉線の押角駅へ通じる分かれ道があった。「あった」というのは、かつての駅は渓流のような刈屋川を工事現場の足場のような頼りない仮設橋で渡った対岸にあり、周囲に人家もほとんどなかったことから、鉄道営業当時から全国でも屈指の〝秘境駅〟として鉄道愛好家に認知されていたが、廃線後はその足場もどきの橋もなくなり、分かれ道自体が自然に回帰して判別できなくなってしまったからだ。岩泉線の廃線に伴う代替バスも、旧押角駅付近にはバス停を設置していない。

ただ、令和4年10月時点では「押角駅」という国道上の案内標識は未だ健在で、もはや道がない方向に左折の矢印を示していた。私が最後に岩泉線に乗ったのは土砂崩れ事故の3年前にあたる平成19年（2007）5月だったが、そのときは岩泉から茂市へ向かう朝の列車に、この押角駅の短いホームから通学生が乗車した。現在の「押角駅」標識の周辺は鳥がさえずる森に囲まれていて人家が全く見当たらないが、あの通学生はいったいどこに住んでこの駅に通っていたのかと思う。

廃線のトンネルが代替道路で復活

押角駅への入口跡からさらに落石注意の絶壁下を進むと、やがて道路上にセンターラインが現れて再び2車線に戻り、目の前に真新しい巨大なトンネルが出現する。令和2年（2020）12月に開通した全長3094メートルの押角トンネルである。

このトンネルは、旧岩泉線の押角～岩手大川間にあった押角トンネルを転用して建設された。押角側のトンネル前にある駐車スペースの眼下には、刈屋川を渡っていた鉄道橋梁が、橋上の線路ともども川の上に残っている。その旧橋梁の線路があった跡地が、新しい国道上のトンネルと合流している。

以前は、国道３４０号線はトンネル手前で右折して右の渓流沿いの細い山道をさらに奥深くへと分け入り、押角峠を越えるルートを通っていた。峠の頂上にある昭和10年（１９３５）開通の雄鹿戸（おしかど）トンネルは、５８０メートルの坑内に幅員が４・６メートルしかなく、大型車のすれ違いは難しいように思われる。岩手和井内の北方から押角駅付近、そしてこの雄鹿戸トンネルを抜けるまでの道路状況では代替道路とはなりえず、岩泉線を昭和末期の特定地方交通線選定から免れさせ、平成26年（２０１４）まで生き延びさせたのである。

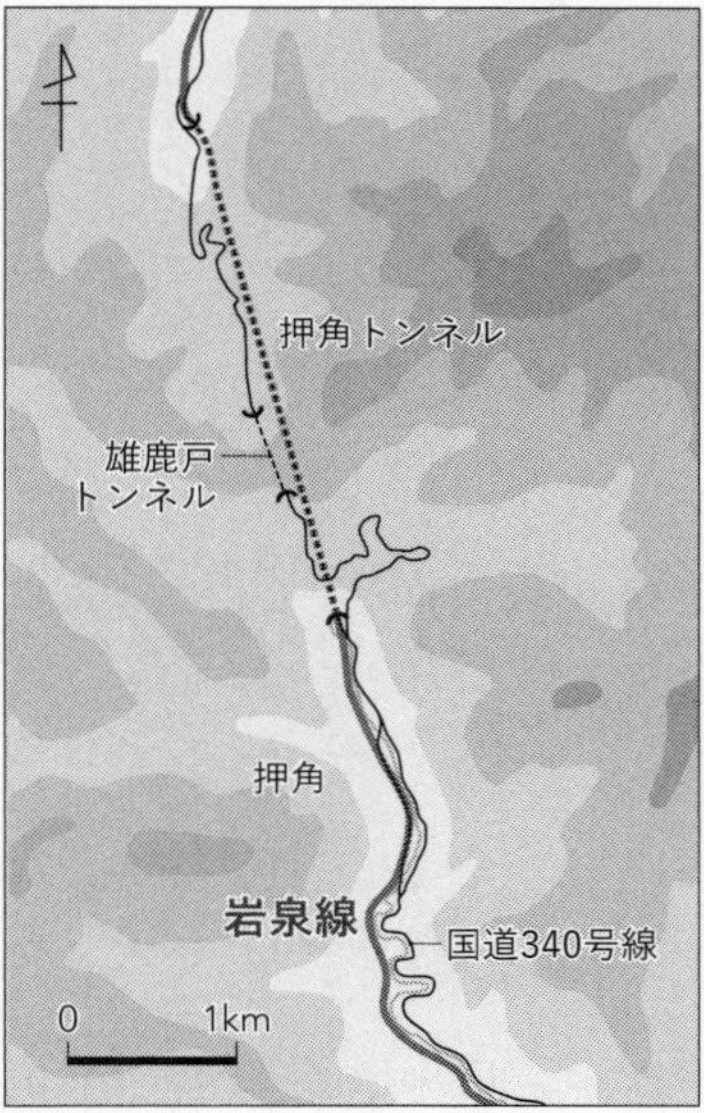

押角トンネル

この古びた雄鹿戸トンネルは現在でも通行できるが、押角峠の最短経路としての役割を失って旧道化した現在は通行車両がほとんどない。戦前製の重厚な坑門と、誰もいないトンネル内を照らすオレンジ色の照明が、レトロな雰囲気を醸し出している。

旧道を右に分岐した国道340号線は、単線用の鉄道トンネルを拡幅した上下2車線の自動車用押角トンネルをほぼまっすぐに走り抜ける。全長の9割以上が、旧鉄道トンネルと重複しているという。私が廃線前の岩泉線に乗ったときは、2回とも茂市〜岩泉間を往復したので、このトンネルとほぼ同じ空間を、かつてディーゼルカーで計4回通過していたはずだ。そういう場所を、自動車トンネルに生まれ変わった後で再び走り抜けるというのは初めての体験である。

約3キロ先のトンネル出口のすぐ先で、左から雄鹿戸トンネル経由の旧道が合流する。この新トンネルのおかげで、押角峠を越える区間の自動車による所要時間が約14分短縮されるとともに、幅員狭小、急カーブに急勾配、さらに雪崩や落石の危険がある箇所が国道上から解消されたことになる。大型トラックやバスも、この新トンネルなら全く問題なく通行できる。

トンネルの岩手和井内側に残る押角駅跡前後の細い一本道についても、改良工事が進んでいる。岩手和井内駅跡の北方で現在の国道から岩泉線の線路跡を活用して上下2車線の新道を整備し、旧押角駅跡の北方で線路跡のルートを離れて刈屋川を渡り、現在の国道に再び合流する。合流後は押角トンネルの手前までの道路を現在の約2倍に拡幅するらしい。そういう計画図が、押角駅への分岐点跡や押角トンネルの手前に掲げられた看板に描かれている。

この計画ルートも押角トンネルも、岩泉線の存続理由であった代替道路の未整備を抜本的に解消する意義を持つ。だが皮肉なことに、岩泉線が廃線にならなければ、線路跡や廃トンネルを新道に転用できず、実現しなかったのだ。特に、単線用の廃トンネルの9割以上を2車線の自動車トンネルに転用して県内有数の交通難所を克服した点は、お役御免となった全国各地の鉄道トンネルの中でも、五指に入るほど有意義な転用事例と言うべきだろう。東海道本線の旧トンネルが放置されているのをどうにもできず、「くやしかつたら井戸の穴を背負つて来い」と匙を投げた内田百閒が見たら、どんな故郷の言葉を発するだろうか。

2　BRT化による鉄道営業廃止

「バス・ラピッド・トランジット（BRT）」という選択肢

大規模災害によって長期の休線に追い込まれた地方ローカル線が企業規模の大きなJRに所属している場合でも、平時の営業成績いかんでは被災を機に復旧せずそのまま廃線となることが、平成26年（2014）の岩泉線の廃線によって現実的な選択肢となった。

被災して不通になった路線を鉄道として復旧しないのであれば、代替の交通機関としては並行道路を走るバスに切り替えるのがこれまでの通例である。ところが、バスには違いないのだが、一般の公道を走る路線バスに転換するのではなく、JRが保有する鉄道の廃線跡を専用道路に整備し直して、そこにＪＲ自らバスを走らせる方式が、東日本大震災後の被災地で出現した。それがバス・ラピッド・トランジット（バス高速輸送システム）、略称ＢＲＴである。

ＢＲＴは21世紀の新しい乗り物というわけではなく、１９７４年にブラジルで初めて導入さ

気仙沼線・大船渡線・山田線（現・三陸鉄道）

れた交通システムとされている。バス専用道路や一般道路でのバス専用車線を設けることで、通常のバスよりもスピードが速くなり、定時運転率も高くなる。

日本でBRTという乗り物の知名度が一気に高まったのは、平成23年3月に発生した東日本大震災後であろう。当時、東北地方の太平洋沿岸を走る鉄道路線は広範囲にわたって被災し、長期運休を余儀なくされたが、その中で、宮城県内を走るJR気仙沼線の柳津～気仙沼間55・3キロ、及びこれと接続して三陸海岸沿いを走っていたJR大船渡線の気仙沼～盛間43・7キロについて、被災した線路跡をアスファルト舗装するなどしてバス専用道路に転用し、BRTとして被災前の区間を旅客輸送する方策が採られたのである（口絵④）。気仙沼線のBRT区間は震災の翌年（平成24年）末に、大船渡線はさらにその2ヵ月あまり後（平成25年3月）に運行を開始している。

JR線と三陸鉄道が接続する盛駅構内。左側の舗装道路は大船渡線BRTの専用道。3番線は三陸鉄道のホームで、2番線のBRTと同一ホーム上で乗り換え可能になっている

当初は、鉄道の復旧がなかなか進まない中で地域の交通手段を確保するための「仮復旧」という位置づけだった。駅や線路など鉄道施設の多くが津波で流失し、

本格復旧には新規建設にも等しい工事が必要であること、復旧に際しては防災措置も新たに必要となること、それに、街全体が壊滅したような地域では、自治体の復興計画の中で鉄道路線や駅の位置の変更を伴う可能性もあるため、鉄道だけが先んじて再開しにくいという事情もあった。

大船渡線と気仙沼線はともに単線の鉄道であるため、線路用地やトンネルの幅は単線の線路分しかなく、バス専用道路に転用しても上下2車線にすることはできない。そこで、山岳地帯の細い一本道のように、区間の途中にすれ違いの待避スペースを設け、一般車両が誤進入したりトンネルに双方から入ったりできないように安全対策用の機器が設置された。また、仮復旧であり将来的に鉄道が同じ場所を再び走ることを考慮して、一般道路との交差点では従来の踏切と同じく、BRT側のバスが停車せず優先通行できるようにされた。

その一方で、地域交通の便宜を図るため、従来の鉄道駅の場所のほかに、一般道路上を走る区間にある市役所や商店街の近くにも新しい駅が設けられた。駅と言っても要するにバス停だが、鉄道ではなし得ないきめ細かな旅客輸送が、図らずも、震災後の一時的な交通手段として選ばれたBRTによって実現することになった。

線路跡の専用道路を走るバスは国鉄・私鉄にも

市販の時刻表では、気仙沼線と大船渡線のBRTが鉄道営業当時と同じページに、両路線の残存区間と一体的に掲載されているため、目新しい交通システムとしての存在感が大きいが、鉄道線路の跡を代替バスの専用道路に転用した例は、両路線のBRT以前から実在している。

国鉄時代からの長い歴史を有するのは、東北本線の白河駅と水郡線の磐城棚倉駅を結ぶ白棚線というJRバスの路線である。大正5年（1916）に私鉄の白棚鉄道として全通したが、昭和16年（1941）に国に買収されて白棚線となった後、昭和19年には不要不急の路線（31ページ）として休線とな

古関停留所付近を走る白棚線バス。令和になった今なお「国鉄高速度専用自動車道」の立札が健在

JR バス白棚線

鹿島鉄道跡地のバス専用道へ代替バスが進入していく（石岡）。右はJR常磐線

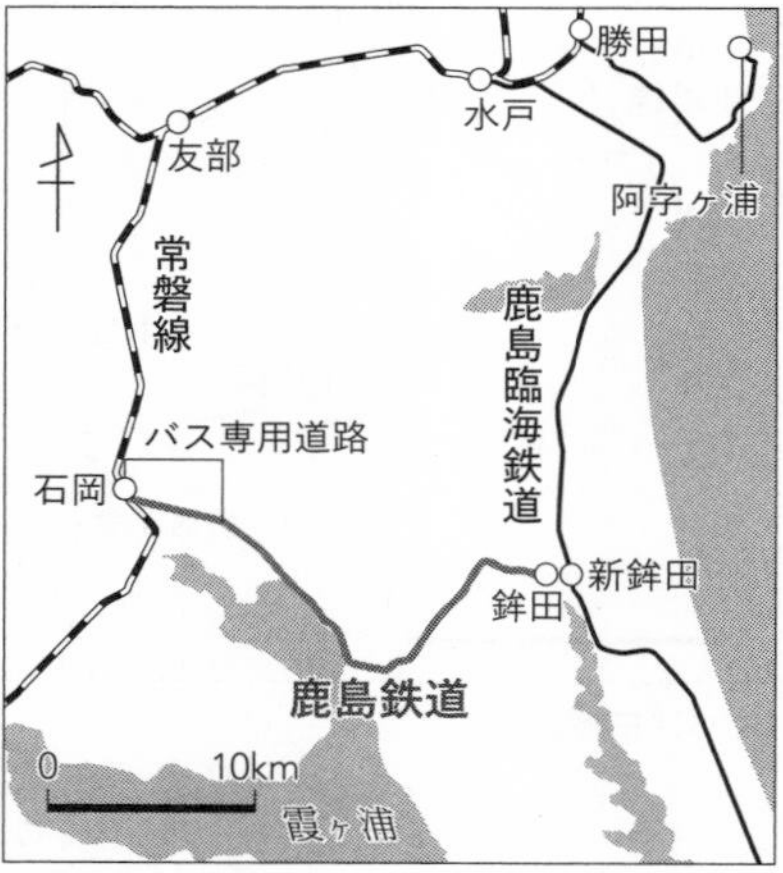

鹿島鉄道

り、線路などが撤去されている。戦後に鉄道を復活させる計画はあったが、最終的には国鉄が線路跡を舗装するなどして日本初のバス専用道路とし、昭和32年に国鉄バスの路線として開業。以来、現在に至るまで国鉄・JRがバス路線として営業を続けている。専用道路は徐々に一般道路への転換が進んでいるが、すでに鉄道としての歴史よりバス路線としての歴史のほうが長くなっている。

私鉄では、平成19年（2007）に廃止された茨城県のローカル私鉄・鹿島鉄道（石岡～鉾田(た)）の線路跡の一部がバス専用道として整備され、平成22年から「かしてつバス」として運行を開始している。鉄道の廃線後、特に常磐(じょうばん)線に接続する石岡付近で代替バスが渋滞に巻き込まれるなどの事情により、定時運行が確保されない代替バスの利用者が鉄道時代の4割程度にまで急減。そこで、廃線跡のうち石岡側の一部区間を一般の自動車が通行できないバス専用道路として、スピードアップと定時運行の確保を狙ったのだ。東日本大震災の前年にスタートしており、気仙沼線や大船渡線のBRTより先に実現していたという先駆性は注目に値する。

このかしてつバスのケースは、線路用地をJR東日本の私道として整備した気仙沼線・大船渡線のBRTと異なり、廃線跡に整備されたバス専用道路は地元の石岡市と小美玉(おみたま)市に譲渡され、市道として整備された。そのうえで、バスの運行のみを関東(かんとう)鉄道グループのバス会社が担当している。バス事業者の負担を軽減し、運行を持続させるための措置で、地元では「バス専用道事業における全国初の公設民営方式」と称しているが、これは昨今の鉄道存廃の議論で話題になる上下分離方式に相当する。

仮復旧が定着して正式に鉄道廃止

気仙沼線と大船渡線の両BRTは、あくまでも仮復旧であり、当初は鉄道路線としての廃止を意味していなかった。そのため、同じ線路用地を走るBRTについて、JR東日本は道路運送法に基づく一般乗合旅客自動車運送事業者（いわゆるバス事業者）として運行しつつ、その線路用地を走っていた鉄道事業の廃止届は提出せずに休線扱いとした。

既存の鉄道路線との連絡運輸も維持された。ＢＲＴ区間について独自の運賃は設定されたものの、気仙沼や柳津で接続するＪＲ線との直通乗車券は引き続き発行されることになった。ＪＲ線と接続する気仙沼、及び三陸鉄道と接続する盛の両駅では、通常の鉄道代替バスのように駅前に発着するのではなく、鉄道駅構内のホームがあった場所を舗装道路に転用して、ＢＲＴバスと列車を駅構内で乗り継げるようになっている。無人駅である気仙沼線の柳津駅も、ＢＲＴの乗降場所は鉄道のホームの延長線上に設けられている。

こうして〝鉄道として再生するまでの仮の姿〟としてスタートしたＢＲＴだったが、それからわずか2年あまり後の平成27年（２０１５）7月、ＪＲ東日本は鉄道による本格復旧を断念し、ＢＲＴによる運行を継続する考えを表明した。復旧費用として約１１００億円を要することが見込まれるが、ＪＲ東日本が黒字企業であるがゆえに公的な財政支援が受けられないことなどが理由として挙げられた。東日本大震災の前年に土砂災害で長期不通に追い込まれた岩泉線のケースと、根本的な問題点は共通している。

東日本大震災によって被災した鉄道路線に対しては、被災規模の甚大さに鑑みて、既存の鉄道軌道整備法等による被災時の復旧補助の対象路線や支援規模が拡大された。東北地方で被災した中小私鉄や第3セクター鉄道の多くは、こうした公的支援制度を活用して復活を果たした。ところが、安定した黒字経営を保っているＪＲ東日本は、それらの支援のどの枠組みでも対象から外れてしまった。この結果、被災した鉄道事業者の中でおそらく最も経営体力があるJR東日本の所属路線が、「自社の黒字が原因で被災路線が復旧されずに廃止」という皮肉な事態に至ったのである。

JRが「自社での鉄道復旧は無理」と言い出した以上、沿線自治体がいくら反対したところで、復旧工事を強制するわけにもいかない。いろいろ議論はあっても、最終的には両路線の全ての沿線自治体がBRTの継続運行と鉄道復旧の断念を受け入れた。令和元年（2019）11月にJR東日本から国土交通大臣に出された両路線の鉄道事業廃止届は、実施日の繰り上げが認められ、令和2年4月1日付で正式に廃線となった。東日本大震災の発生から、9年が過ぎていた。

BRT復旧を拒否した山田線は三陸鉄道として復活

廃止された気仙沼線や大船渡線の地元では、BRTによる仮復旧がJR東日本から提案された当初、BRTをいったん導入してしまうと鉄道の復旧がさらに遅れること、そしてBRTが恒久化して鉄道復旧が放棄されてしまうことへの懸念が抱かれ、JRと地元自治体との協議は難航した。結果的に、BRTを本復旧とする選択がなされたことで、その懸念は現実化したことになる。

大船渡線の廃止区間と同じ岩手県内にあり、三陸海岸沿いの路線が東日本大震災で被災した

JR山田線の宮古〜釜石間55・4キロは、JR東日本によるBRTでの仮復旧案を、地元自治体は受け入れなかった。そこでJR東日本は、同区間の鉄道施設を復旧させたうえで、宮古と釜石の双方で接続する三陸鉄道に同区間を移管するプランを地元自治体等に提示。復旧費用210億円のうち140億円をJR東日本が負担し、残りは公的資金を活用して自治体が負担すること、運行開始後の赤字補塡や防災施設の更新費などとしてJR東日本が30億円の一時金を拠出すること、それに車両の無償譲渡や人的支援なども行うことなどが盛り込まれた。逆に言えば、それだけの費用を支払ってでもこの区間の鉄道営業から手を引くことが、自社にとって総合的にメリットのほうが大きい、とJR東日本がシビアに判断したのだろう。

このプランを、地元自治体は受け入れた。平成27年（2015）から鉄道復旧工事が本格的に始まり、4年後の平成31年3月、宮古〜釜石間は三陸鉄道に移管されて8年ぶりに鉄道の運行が再開された。新たに三陸鉄道の一部となった宮古〜釜石間は上下分離方式が採用され、線路用地や駅の施設などは、JR東日本から地元自治体に譲渡された。

三陸鉄道はもともと、国鉄再建法によって廃線の危機に瀕していた国鉄の3つのローカル線（盛線〔盛〜吉浜〕、宮古線〔宮古〜田老〕、久慈線〔久慈〜普代〕）を引き受け、未開通部分を完成させて、昭和59年（1984）に第3セクター鉄道として開業した。これによって、三陸沿岸は八戸から石巻まで線路が繋がり、明治時代に立案された三陸縦貫鉄道の構想が80年の時を超えて実現。しかも、どれも赤字で廃線になりそうなローカル線だったのに、開業初年度にいきなり経常黒字を記録し、赤字ローカル線問題を抱える全国の自治体などに大きな影響を与えたとされる先駆的な存在であった。

そうした沿革から、マイカー全盛の時代にあって利用客も減少傾向にあるとはいえ、地元では三陸鉄道の存在感は今なお大きい。東日本大震災の発生時には、被災からわずか5日後に一部区間で旅客列車の運行を再開し、「復興支援列車」と称してしばらく運賃無料で走らせるなどの措置を採った。平成25年にNHKで放送された連続テレビ小説『あまちゃん』には「北三陸鉄道」の名で登場し、復興のシンボル的存在として改めて認知された。宮古〜釜石間が同社の下で鉄道として再生したのは、そうした地域密着型の鉄道会社がすでに存在しており、JRから経営移管された後も継続的な運行が見込める、という事情があったと思われる。

ただ、そう考えると、気仙沼線と大船渡線のBRT化と鉄道の正式廃止が、何とも残念でならない。特に、気仙沼〜盛間の大船渡線だけでも鉄道として存続していれば、気仙沼から大船渡線の残存区間（一ノ関〜気仙沼）

吉里吉里（きりきり）〜大槌（おおつち）間を走る三陸鉄道のディーゼルカー。後方は東日本大震災後に建設された防波堤

へ直通できることから、三陸縦貫鉄道という広域鉄道ネットワークとしての機能はかろうじて維持されていたはずである。盛駅で三陸鉄道のディーゼルカーが停車するホームの向かい側から大船渡線のBRTバスが出発し、専用道路の上を颯爽と走り去る姿を見送ると、「ここで線路が途切れてしまった」との感がいっそう強くなる。

三陸鉄道がこの区間を引き受けていたら……とも考えたくなるのだが、三陸鉄道は岩手県や同県内の市などが株主となっている第3セクター会社であり、県外の路線には事実上手を出せない。気仙沼〜盛間43・7キロのうち、気仙沼側の約15キロは宮城県気仙沼市に属している。この区間だけでもJRが鉄道で復旧していたら、陸前高田や大船渡を走る岩手県側を三陸鉄道が引き受けて、実質的に直通列車を走らせるという選択肢も生まれていたかもしれない。だが、そのような、非常時の直通輸送をも想定した広域鉄道ネットワークの維持・構築に実効的、統轄的な役割を果たせる企業や公的機関は、国鉄民営化後の日本には存在しないのが実情である。

3　長期運休から復活した被災路線

「被災したら一巻の終わり」か

大規模な災害に遭って長期運休を余儀なくされた地方ローカル線が、そのまま鉄道路線としての復活を果たせずに路線バスやBRTへ転換され、線路を剝がされてしまうケースが続くと、日本全国にあるローカル線はひとたび災害で不通になったが最後、二度と再生できず一巻の終わりとなってしまう時代になったかのように錯覚しかねない。ローカル線が廃線にならないためには、大規模災害がいつまでも当該路線の施設にダメージを与えないことをただひたすら祈り、運を天に任せるしかないのだろうか。

明治から昭和まで拡張を続けてきた全国の地方ローカル線は、平成、令和と時を刻む中で着実に老朽化しており、災害がなくとも、施設の抜本的な改良は避けて通れない。昭和までの時代より、運行上の安全確保に関する技術上、法令上の基準や社会の認識も変わってきている。かつての安全水準では許容されたことが、今では許されなくなったことも数多い。そのため、古びたローカル線が災害で不通になっても、被災前と同じ状態では復活させることができず、新たな防災施設も含めた復旧費用はどうしてもかさんでしまう。

事業者が被災からの復旧をためらうほどに赤字が深刻なローカル線は、地方私鉄や第3セクター鉄道よりもJRのほうに多い。地方私鉄や第3セクター鉄道ならとっくの昔に廃線になっていてもおかしくないほど利用者が少ない路線でも、JRという巨大な企業に属していると、他の黒字路線によって得られた収益でカバーすれば何とか存続できてしまうからだ。

もともとJRという会社が発足したとき、国鉄再建法による廃線の対象外となったローカル線の赤字は自社内でカバーすることにより、広域の鉄道ネットワークを有する公共交通機関として使命を果たすことが前提となっていたことからすれば、他路線の収益によって存続する赤字ローカル線の存在は予定されていたと言える。そのことは、株式上場によって完全民営化を果たした本州のJR3社とJR九州に対して、国土交通大臣が「(国鉄改革の経緯を踏まえて)現在の営業路線は適切に維持するよう努めること」との大臣指針(201ページ)を示し、これが今も生きている点に表れている。「民間会社である以上、赤字路線は不要」と直ちに言い切れないのは、そういう会社の沿革にも由来する。104ページ以下で紹介したJR東日本の岩泉線は、まさにそのような沿革を踏まえて採算度外視で運行され続けていた超赤字路線の典型例だったと言えよう。

JR東海は台風で被災した名松線の一部廃止を表明

自然災害によって列車の運行ができなくなり、そのまま廃線に至った最初の例は岩泉線だったが、実はそれより少し前に、自然災害によって長期不通に追い込まれたJRの地方ローカル線があった。しかも、被災から1ヵ月も経たないうちに不通区間のバス転換・鉄道廃止の方針がJRから発表され、その後にその方針が撤回されて列車の運行が再開される……という変遷を辿った。被災による不通から2年近く廃止の意向が発表されず、しかも結果的にその意向通り廃線に至った岩泉線とは、さまざまな点で対照的な路線である。

この甦(よみがえ)ったローカル線は、三重県を走るJR東海の名松線。国鉄末期の国鉄再建法によって、一度は特定地方交通線に選定されたものの、代替道路の未整備が理由で選定申請が取り下

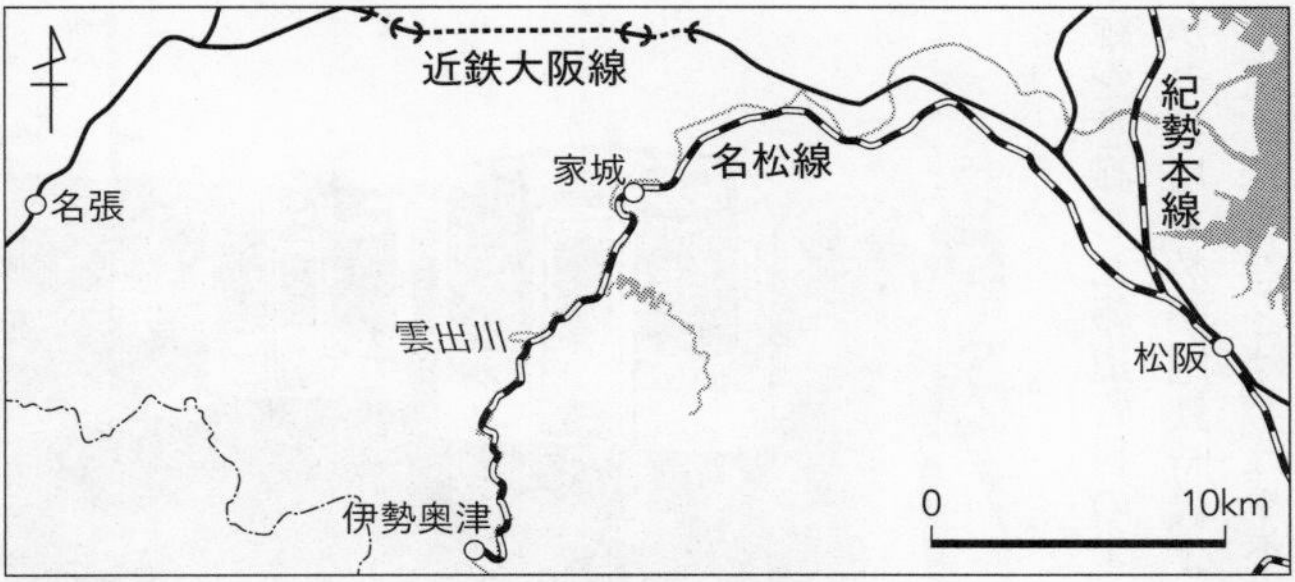

名松線

げられ、JRによって存続することになった点も岩泉線と共通している。平成26年（２０１４）に岩泉線が廃止されたことで、特定地方交通線の選定基準を満たしていた国鉄末期のローカル線のうち、JR線として今も旅客営業を続ける唯一の路線となっている。

名松線の一部区間が運行不能になったのは、平成21年10月初旬の台風が原因だった。豪雨によって家城（いえき）～伊勢奥津（いせおきつ）間では線路内への土砂流入、盛土の流失、橋台の背面流失など38ヵ所に及ぶ被害が確認された。松阪（まつさか）から家城までの区間は被災から1週間後に運行を再開したが、雲出川（くもずがわ）に沿って狭隘（きょうあい）な山間部を走り抜ける家城から先の区間は、被災規模が甚大で復旧の見通しが立たなかった。

そしてJR東海は同月下旬、運休中の家城～伊勢奥津間は鉄道での復旧は行わず、バス輸送を継続する、との意向を発表した。「（この区間を）仮に復旧したとしても同程度の自然災害ではもちろん、それ以下であっても大きな被災が発生する恐れや長期にわたる運転規制等を行わざるを得ない状況が

家城駅に並ぶ伊勢奥津行き列車（左）と松阪行き列車

考えられ、安全・安定輸送の提供という当社の基本的な使命を全うでき」ない可能性が高い、というのがプレスリリースに示された理由である。名松線としての輸送を引き続きバスで行う、というのは、国鉄時代の士幌線の糠平〜十勝三股間で行われていた代行バス輸送のような形態を想定していたのだろうか。

もっとも、このプレスリリースには被災現場の写真のほか、並行する県道の整備状況や、名松線の利用者が減少し続けている実績グラフも添付されていた。それによれば、家城〜伊勢奥津間の利用者数はJR東海が発足した昭和62年（1987）に対して平成20年は約8割減、1日の利用客数は約90人程度となっている。もともと国鉄再建法で特定地方交通線の基準に到達していた閑散路線だったのが、並行道路の未整備という理由でかろうじて廃線を免れた経緯を意識した報道資料のようにも思える。JR発足から20年以上を経て並行道路が整備され、かつ利用者数が国鉄時代より大幅に減っているのであれば、「自社のみで多額の経費をかけて存続させることはもはや不可能。できればこのまま鉄道の営業を終了させたい」という経営判断が働いたとしても不思議ではない。

治山・治水を県・市が担うJRとの三者協定が成立

もちろん、国鉄時代にも熱心な廃止反対運動を展開した沿線の自治体が、事実上の廃線となるバス輸送の継続をすんなり受け入れるはずがない。全休線区間を包含する津市を中心に名松線の全線復旧を望む署名運動が展開されると、被災による運休区間の沿線住民はおよそ590人なのに、2ヵ月で11万6000人以上の署名が集まった。

被災直後にバス輸送の恒久化方針を打ち出したJR東海は、こうした動きに呼応した。線路をいくら復旧しても、その周辺の山林や河川で適切な防災措置が採られていなければ、同じような豪雨のたびに運休を余儀なくされ、そのたびに巨額の費用をかけて復旧する、というサイクルに陥ることは避けたい。そこでJR東海は、線路周辺の山腹崩壊防止や渓流の土砂流出防止などの治山事業と、線路周辺の水路整備による治水事業を、関係自治体が将来にわたり責任をもって行うことを、名松線復旧の条件として挙げたのだ。

三重県も津市も、鉄道での復旧を望んではいたものの、治山・治水事業には「将来にわたり」巨額の経費を要することから、JR東海を含めた三者による協議が重ねられた。その結果、治山事業は三重県が、治水事業は津市が行うことで話がまとまり、これを受けてJR東海は被災区間を鉄道で復旧させることに合意。三重県・津市・JR東海の三者協定が平成23年5月に締結され、一度は事実上の廃線になりかけた家城〜伊勢奥津間は、鉄道としての復旧へと方針転換されたのである。

路線単体での採算管理にこだわらない発想

再び伊勢奥津に旅客列車がやって来たのは、平成28年（２０１６）3月。被災から6年5ヵ月も経って、休線区間に再び列車が走るようになるケースは稀有なことである。

私は休線前に2回、名松線に乗ったことがあった。被災直後にＪＲ東海が家城〜伊勢奥津間の鉄道復旧を行わない旨を発表したときは、正直言って、もう名松線に乗ることはないだろうと早々に諦めていた。その稀有な復旧区間を、令和4年（２０２２）12月に乗車してみた。

家城から伊勢奥津までの列車内から前方や後方を見ると、被災後に復旧工事が行われたと思われる場所の線路下にある枕木の一部が、白いコンクリート製になっているのが見える。崩落防止の工事が施されている岩壁の近くを走る区間では、「落石」と大書された黄色い注意喚起標識も何度か見られる。深い峡谷の中を、雲出川に沿って右へ左へとカーブを繰り返し、坂道を上って終着駅の伊勢奥津まで進んでいく。

こんな山奥の区間を復旧させたところで、赤字の改善が見込まれていたわけではない。それでも路線を復活させたＪＲ東海の判断には、民営会社として利益の追求を事業目標としつつも、自社路線全体の潜在的な利用者を含む沿線住民や自治体と全面的に対立してまでローカル線を切り捨てることは極力避けたほうが、自社の中長期的な経営持続の見地からも望ましい、という発想が垣間見える。

確かに、沿線の自治体が単に「廃止反対」を声高に叫ぶだけで鉄道施設の持続的な維持費用は負担しようとしない（あるいは財政力に乏しく負担できない）のであればともかく、財政的な負担が大きい線路周辺の治山治水を自治体が継続的に引き受けてまで、決して沿線人口が多くない地域のローカル線の存続を求めているのであれば、その路線単体では赤字覚悟でもこれに応えるという経営判断はあり得るだろう。もちろん、それはJR東海という会社全体でその赤字をカバーできるだけの余力があることが大前提ではある。

それに、そもそもJR東海という会社は東海道新幹線以外の路線は全て赤字であり、路線単体の収支で赤字を理由に存廃を決めてしまったら、在来線は全てなくなってしまうような構造になっている。だが、JR東海は発足当初、国鉄時代に一般的だった路線別の採算管理の考え方から、「在来線を東海道新幹線へのアクセス鉄道ネットワークと位置づけ、赤字の在来線であっても新幹線への利用増を促すという方針」へと発想を切り替えている（「特集　JR思考停止経営からの決別」『日経ビジネス』2017〔平成29〕年3月6日号）。名松線が路線単体としては赤字であっても、それのみを理由とする存廃の議論に固執せず方向転換したのには、こうした考え方も影響していたのではないかと思われる。

復旧までの最長記録を塗り替えた只見線

平成28年（2016）に名松線が復活したとき、津市長は運休期間の長さについて、「6年半という長さは、自然災害による被災後、最も長期間かかって復旧する日本新記録」と評した（「市長活動日記（平成28年3月26日）」津市ホームページ）。だが、当時はまだ、東日本大震災による被災路線のうち、JR山田線の宮古〜釜石間などが運休を続けていた。震災による鉄道の運休が全て解消されるまでには、令和2年（2020）3月にJR常磐線の富岡〜浪江間20・8キロが再開されるまで9年の歳月を要した。

ところが、その東日本大震災の被災路線よりもさらに長い中断期間を経て復活したローカル線が、令和4年10月に現れた。福島県と新潟県を結ぶJR東日本の只見線（会津若松〜小出）である。全線135・2キロのうち、運休していたのは福島県に属する中間部分の会津川口〜只見間27・6キロで、旅客営業の再開は実に11年2ヵ月ぶりだった。

しかも、復活時に設定された旅客列車は、1日わずか3往復だけ。その3往復の旅客列車を走らせるためだけに、11年以上の長い年月と巨額の費用をかけてローカル線を再生したのだ。

この区間が運休に追い込まれたのは、東日本大震災から約4ヵ月半後の平成23年7月末だった。新潟県と福島県を襲った集中豪雨で堤防の決壊による洪水、土砂崩れ、河川の氾濫などが発生し、只見川に沿って走る只見線の会津川口〜只見間では橋梁が3つも流失するほどの甚大な被害が生じた。これを再建し、洪水対策工事も実施して同区間を元通りに復旧させるには、

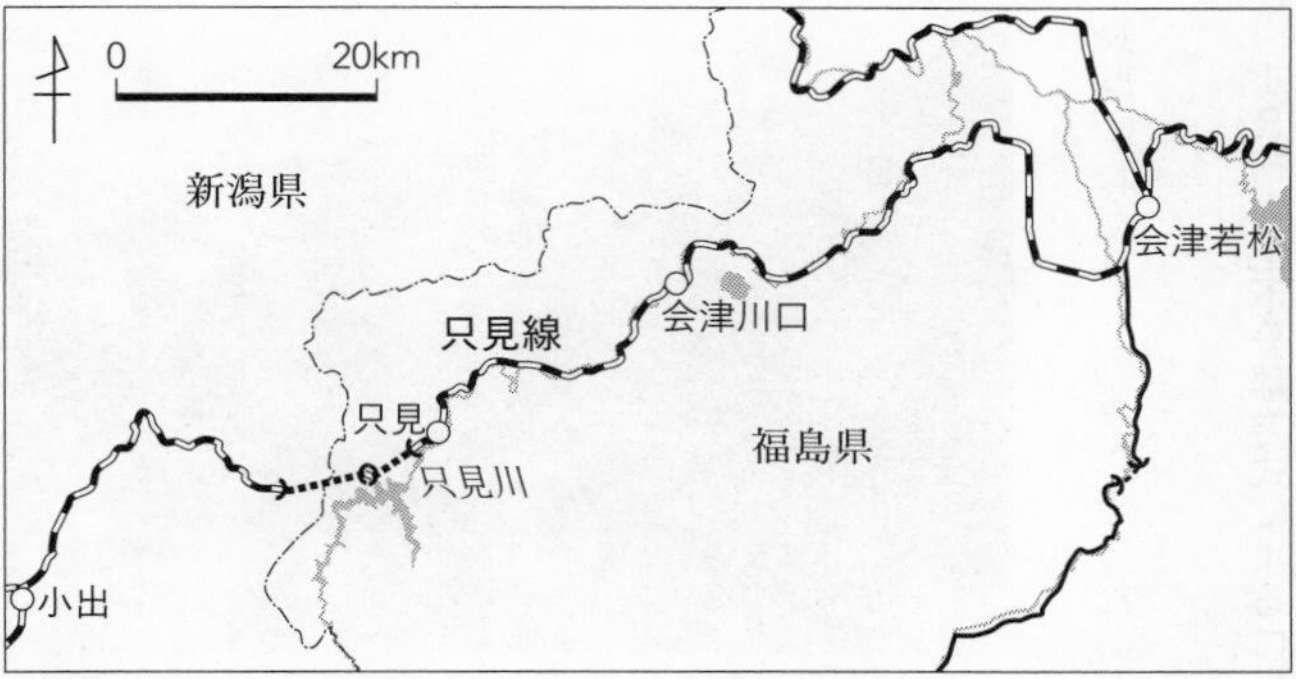

只見線

4年以上の工期と85億円もの工事費用がかかる、との試算がJR東日本から発表されたのは、被災の翌々年にあたる平成25年5月のことであった。

もちろん、この試算発表までの2年近くの間、復旧工事は行われていない。巨額の復旧費用について、黒字企業であるJR東日本には鉄道軌道整備法に基づく公的な財政支援が行われないという障壁が、この只見線のケースでも復旧を望む沿線住民の前に立ちはだかった。

ちなみに、被災前年の平成22年度におけるJR東日本の路線別平均通過人員（旅客輸送密度）ランキングにおいて、只見線は1日あたり370人で全67線区中66位。最下位は岩泉線で、同線も平成22年中に土砂災害で運休に追い込まれ、そのまま平成26年4月に廃線となってしまったのは前述の通りである。

運休に追い込まれた会津川口〜只見間だけに注目すると、平成22年度の平均通過人員は1日1キロあたり49人とさらに悪化する。平成21年度の同区間の収支状況は、運賃収入など営業収益が年間500万円だったのに対し、運行経費などは3億3500万円かかっていた、というのがJR東日本の試算である。1年間で3億3000万円近い赤字というのは、岩泉線より巨額である（岩泉線の同年度の収支状況は107ページ）。

このような状況から、JR東日本は「自社単独での復旧は困難」との姿勢を明らかにし、沿線自治体との協議次第ではそのまま廃線になるとの見方が強まった。仮に工事が行われても「4年以上の工期」を要するとの事前予測に基づけば、再び列車が走るまでにはさらに時間がかかる。こうして、只見線の中間区間は、代行バスのほうがもはや日常の存在となり、鉄道は昔話の中の存在になりかねないほどの

第五只見川橋梁を渡るディーゼルカー。平成23年7月の豪雨災害で橋梁の会津川口側（右側）の一部が川の氾濫により流失した

長期にわたり、列車が走らないまま放置され続けた。

JR初の上下分離方式によるローカル線復旧

只見線では国鉄末期以来、会津若松側の短区間を除いて貨物列車は走っておらず、会津川口〜只見間は短編成のディーゼルカーが朝昼晩に1往復ずつ、1日3往復の普通列車が細々と往来するだけ、というのが被災前からの基本的な運行ダイヤだった。だが、利用客が少ないとはいえ、国内有数の豪雪地帯である当地では、雪に強い鉄道に対する地元住民の信頼は他地域よりも高く、冬季の交通手段確保という観点から、鉄道存続に向けた公的な支援の必要性が理解されやすい土壌はあった。

そこで具体的に浮上してきたのが、会津川口〜只見間の線路等を福島県や沿線市町が保有し、JR東日本は自社の車両による列車の運行のみを担当するという上下分離方式のプランである。線路や橋梁、駅施設などの管理費を地元自治体が負担すれば、JR東日本は列車の運行を継続しやすくなる。そうまでしてもこのローカル線が将来にわたって必要、と地元自治体や県が判断したのだ。

こうして平成29年（2017）、JR東日本と福島県は、同区間を上下分離方式によって鉄道で復旧することについて基本合意書を締結。会津川口〜只見間の線路や橋梁、駅など鉄道施設全般をJR東日本から無償譲渡された福島県が第3種鉄道事業者となり、JR東日本は鉄道施設の管理から列車の運行まで自社で担う第1種鉄道事業者から、もっぱら列車の運行を担当する第2種鉄道事業者へと立場を変えることとなった。JR東日本は運賃収入を得て線路使用料を福島県に支払うが、利用者が少なくても列車の運行経費が赤字にならないよう、使用料は減免される仕組みになっている。

ＪＲのローカル線が上下分離方式によって災害から復旧するのは、これが初のケースである。それも、インフラを県が保有するというのだから、事実上の県営鉄道と言ってもよい。国有鉄道が民営化されて三十余年後に、再び公営の鉄道に戻った、ということになる。

只見線の復旧は「共同幻想」か

だが、何しろ1年に3億３０００万円もの赤字を毎年計上していた超閑散区間を、県や沿線市町村で恒久的に支えることに対しては、当然ながら慎重な意見も根強く提起された。ＪＲと福島県の合意が成立した後に公表された福島県の『平成31年度包括外部監査報告書　復興事業に係る事務の執行について』では、ＪＲ只見線復旧事業に対して外部監査人が「生活路線としての只見線の本質を捉えると、会津川口駅〜只見駅間を県・会津17市町村負担54億円掛けて鉄路で復旧させる必要はなかったのではないか」との率直な疑問を意見として提起している。

この監査報告書は、只見線の基本的な列車ダイヤは地元住民が通学や通院に利用することが想定されていて観光客が利用しにくいこと、仮に復旧区間に新たな観光企画列車を運行して旅行者を誘致しても、運行経費や企画のプロモーション費用を考えれば実質的な収支改善には繋がらないことなど、只見線の存続はどう工夫しても経済的メリットを生み出さないと分析している。地方自治体による公金の使途に対する厳格な監査の姿勢がよく表れていると言えるが、その意見の締め括りには、「只見線全線復旧という精神的価値に54億円を費やし、年間2・1億円の運営費を毎年負担するよりは、会津川口駅〜只見駅間はバス代行輸送にした方が、現実的対応だったと思う」「只見線が1本に繋がってこそ意味があり、機能を発揮すると考えるのは共同幻想にすぎない。約54億円は別の事業で有効活用できたのではないか」といった辛辣な表現が並んでいる。この報告書の提出時期は令和2年（2020）3月で、ちょうど運休区間の復旧工事が行われている最中だったが、「今からでも遅くないから鉄道の復旧は考え直した方が良い」と言わんばかりの論調である。

実際、令和4年10月に列車の運行が再開された同区間を訪ねてみると、復旧直後は物珍しさからか大勢の観光客が連日押し寄せて、朝と昼に走る普通列車は首都圏の通勤ラッシュ時のような混雑ぶりで、2両編成のディーゼルカーではさばき切れない様相を呈していた。列車利用の観光客の来訪を期待すると言っても、2両のディーゼルカーで間に合うくらいの人数しか想定していなかったのだろう。会津川口〜只見間は途中に列車の行き違いができる駅がないため、双方向への列車が同時に区間内に入ることはできず、列車の増便にも限界がある。

逆に、1日3往復のうち、外の景色が見えない日没後の夜の1往復にはいずれも遠来の旅行者の姿はほとんど見られず、地元の利用者は会津川口〜只見間で10人も乗っていなかった。つまり、観光客の需要に対応する列車は、実質的には朝と昼の1日2往復だけということになる。

そのような状況で列車の運行による経済的利益を生み出すのが難しいことは、容易に想像できる。しかも、冬は除雪のための費用や労力がかさむ。次に大規模な災害で運行不能になった場合は、復旧費用はJR東日本ではなく、鉄道施設を保有する県や市町村が全額負担することになる。

監査を受けた福島県としては、監査報告書に書かれている運行ダイヤの問題や、経費を考えれば運賃収入では大した経済的メリットがないことは、おそらく百も承知のうえで鉄道での復旧支援を決断したのだろう。県の担当者は赤字覚悟での復旧について「只見線は地方創生のシンボルで存在自体が財産」とマスコミの取材に答えている（「JR35年　赤字ローカル線『誰が負担』㊤乗客減にコロナ追い打ち、存廃岐路」『産経新聞』令和4年3月29日付）。それが「共同幻想」となるかどうかは、これから地元で只見線がどう活用されていくか、にかかっている。

第五章　平成・令和の経営不振路線

1　中小私鉄の廃業

鉱山鉄道の終焉の象徴・片上鉄道

国鉄再建法に基づく赤字ローカル線の廃止事業が昭和末期から平成初期にかけて全国各地で実行に移された後、残ったJR線は原則としてJR各社が営業を継続する建前になっていたため、営業不振を理由とする廃線はしばらく下火になった。

だが、それはあくまでも大々的な廃線事業が一段落した後の反動としての一時的な状況である。そして、国鉄改革とは無縁の中小私鉄は、昭和30年代以降のモータリゼーションの進行に加えて、沿線人口の減少や貨物輸送の停滞など鉄道事業の継続を妨げるさまざまな要因に直面し続けており、それらを自社単独で解決できなければ廃線を選択する、という構造は昭和時代と変わりがない。そのため、平成の30年間は、巨大企業であるJR各社の傘下にない私鉄の廃線が目立つ時代だったとも言えよう。

平成の初期には、尾小屋鉄道をはじめ昭和の中小私鉄に多く見られた鉱山鉄道型の路線のうち、最後まで残っていた岡山県の同和鉱業片上鉄道が廃止され、秋田県の小坂製錬小坂線（平成元年〔1989〕までは同和鉱業小坂線）や岩手県の岩手開発鉄道は旅客営業を打ち切り、市販の時刻表から姿を消した。平成4年まで旅客列車を走らせていた岩手開発鉄道は現在も貨物鉄道として健在だが、平成6年に旅客営業を終了した小坂製錬小坂線は平成21年に貨物営業も終了し、廃線となっている。

岡山県中部の柵原鉱山から産出する硫化鉄鉱は、大正初期までは、吉井川を往来する高瀬舟によって山陽本線の和気駅、あるいは瀬戸内海に面した片上港まで輸送されていた。この鉱石輸送を強化する目的で片上鉄道の建設が計画され、昭和6年（1931）に片上〜柵原間が全通した。昭和25年に藤田興業と、昭和32年に同和鉱業とそれぞれ合併した際にも片上鉄道の名は引き継がれ、地元に定着していた。

貨物列車だけでなく旅客列車も多数運行され、途中の和気では山陽本線との乗り継ぎが可能だった。特に、片上鉄道では機関車が動力を持たない客車を牽引する、いわゆる「客車列車」が朝夕の通勤・通学時間帯に運行されており、昭和末期の全国の地方私鉄の中では珍しい存在として鉄道愛好家の注目を集めていた。機関車牽引による列車は終点で車両を前後に付け替える作業が必要となり運用効率が良くないとされるが、機関車が貨車を牽引する貨物列車が主力の片上鉄道では、機関車牽引の旅客列車が生き延びる余地があったのだろう。オープンデッキ式の古風な青い客車は、豪華な寝台特急との比較による皮肉も込めて「片上鉄道のブルートレイン」と呼ばれていた。

片上鉄道

柵原鉱山がある柵原町（やなはらちょう）は、採掘量の増加に伴い発展していった。同町は昭和30年に複数の村が合併して成立したが、その時点での人口は1万6000人を超えていた。だが、海外から安い硫化鉄が輸入されるようになると、柵原鉱山の産出量は減少に転じる。居住する鉱山関係者も少なくなり、平成2年には人口が7300人あまりにまで減っている。当然ながら、片上鉄道の旅客営業成績も下降を続けた。

そして、昭和62年に硫化鉄鉱の輸送が列車から廉価なトラックに切り替えられ、翌昭和63年に貨物営業が廃止された。こうなると、沿線に目立った観光資源などない片上鉄道が、最盛期から半減した沿線住民による旅客利用だけで存続するのは不可能である。

こうして、柵原鉱山が閉山した平成3年、片上鉄道も全線廃止された。鉱山の終焉と運命を共にした路線という意味で、片上鉄道の廃線は、近代日本の鉱山鉄道の栄枯盛衰を象徴する出来事であった。

廃線から30年後も動態保存中の産業遺産に

片上鉄道の廃線後は、岡山県内でバス事業を展開する備前バスが、「備前片鉄バス」(「片鉄」は片上鉄道の略称)の名で代替バスを運行していた。だが、利用者の減少により、平成23年(2011)に旧柵原町地域を含む周匝以北のバス路線が廃止されると、その後の2年半は廃止区間のみ地元自治体が町営の再代替バスを運行したものの、その後は直通バスの設定はない。周匝以南の区間も、備前バスが平成27年にバス事業そのものから撤退してしまい、令和6年(2024)現在は、複数の地元自治体による公営バスを乗り継ぐ必要がある。往年の片上鉄道の跡を辿るには、事実上、自家用車やレンタカーを自ら運転するしかないだろう。

終着駅だった柵原の1駅南にあった吉ケ原駅跡には、平成10年に鉱山資料館が開設されたが、ここには廃線当時の片上鉄道に在籍していたディーゼルカーや「ブルートレイン」と呼ばれた旧型客車、機関車などが多数保存されている。

特筆すべきは、これら十数両の車両が、廃線後30年が経過した今なお走行可能な状態で整備されていて、毎月1回、かつての柵原方面に残されている線路を現役さながらに走行する展示運転を行い、来訪者は誰でも乗車できる点である（新型コロナウイルスの感染拡大後は展示運転休止中）。しかも、尾小屋鉄道のディーゼルカーを利用したなかよし鉄道のように公的機関が保存活動を主導しているのではなく、有志によるボランティア団体が車両の整備や保線作業を担っている。平成26年には、旧柵原側の約400メートル先に新しい〝駅〟を造って路線を延長。展示運転の日には、戦前製の貴重なディーゼルカーが1駅間を何度も往復する。

正式な鉄道ではなく、あくまでも公園内の遊戯施設という位置づけではあるが、踏切まで廃線前と同じように作動する線路上を走る光景は、現役当時を彷彿とさせる。令和3年には、これらの保存車両が産業遺産学会による推薦産業遺産に認定されている。

吉ヶ原付近の踏切を渡る片上鉄道の動態保存車両。現役の鉄道のように見える一コマ

補助金打ち切りで存廃の判断が分かれた2社

地域密着型の公共交通機関としての役

表9　平成4年度（1992）の欠損補助対象路線

鉄道会社	都道府県	区間	キロ程（km）	備考
津軽鉄道	青森	津軽五所川原～津軽中里	20.7	
弘南鉄道	青森	弘前～黒石	16.8	
栗原電鉄	宮城	石越～細倉マインパーク前	25.7	平成5年に第3セクター化（くりはら田園鉄道）。平成19年に廃線
上田交通	長野	上田～別所温泉	11.6	現・上田電鉄
上毛電気鉄道	群馬	中央前橋～西桐生	25.4	
銚子電気鉄道	千葉	銚子～外川	6.4	
加越能鉄道	富山	高岡駅前～越ノ潟	12.8	平成14年に第3セクター化（万葉線）
野上電気鉄道	和歌山	日方～登山口	11.4	平成6年に廃線
一畑電気鉄道	島根	電鉄出雲市～松江温泉	33.9	現・一畑電車。松江温泉は現・松江しんじ湖温泉
		川跡～出雲大社前	8.3	
土佐電気鉄道	高知	後免町～鏡川橋	15.1	平成26年に第3セクター化（とさでん交通）
		高知駅前～桟橋通5丁目	3.2	

割を担う鉄道会社は、鉄道事業の高い公共性ゆえに、かつては廃線・休線には国の許可が必要とされていた。だが、経営努力を重ねても黒字にならない私鉄に、赤字を承知で鉄道事業の継続を求めるのは非現実的である。そこで、鉄道事業者が勝手に営業をやめることができない代わりに、鉄道事業によって生じた赤字額を国と地方自治体が補助金を交付して補塡する制度が存在した。鉄道軌道整備法に基づく欠損補助制度がそれである。これは、一定の要件を満たした赤字経営の中小私鉄に対して、前年度の経常損失額の2分の1ずつを国と地方自治体とが負担して補助することで、実質的に鉄道会社自身が赤字額を負担しなくて済む仕組みであった。

ところが、運輸省は平成4年（199

2）、宮城県を走る栗原電鉄と和歌山県を走る野上電気鉄道に対して、並行道路が整備されていることなどを理由に、この欠損補助金の支給を平成5年度限りで打ち切る方針を決定。当時、この欠損補助を受給している私鉄は両社を含めて全国に10社あった（表9）が、その後も打ち

荒町～若柳間を走る栗原電鉄の電車（平成5年）

切りは続き、平成9年には欠損補助制度自体が終了している。国鉄再建法に基づいて第3セクター鉄道に転換した路線には転換後5年間だけ補助金が交付され、その後は打ち切りになることとのバランスをとる必要があることも、事実上無期限で毎年交付され続けてきた欠損補助制度を見直す背景にあった。

　打ち切り通告を受けて路線の存廃の判断を迫られた2社のうち、栗原電鉄は親会社の三菱マテリアルが持ち株の全てを沿線自治体に無償で譲渡して経営から撤退し、地元の自治体が会社を保有して、路線を存続させる道を選んだ。地方の中小私鉄から第3セクター鉄道への転換は、これが初めての事例である。路線名もくりはら田園鉄道と改めた。

　ただ、運行列車を電車からディーゼルカーに置き換え

細倉マインパーク前駅に停車するくりはら田園鉄道の石越行き列車（平成18年）。栗原電鉄時代の電車運転がディーゼルカーでの運行に切り替えられた

るなどの経費削減やさまざまな旅客誘致策を企画・展開したものの、経営改善には至らず、平成19年に廃線となっている。その後は沿線自治体による市民バスが代替バス路線を開設し、地元のバス会社が運行を受託している。

一方、野上電気鉄道は平成4年秋に欠損補助の打ち切り通告を受けると、路線存続の道を早々に諦めて廃線を選択。平成6年3月末限りで鉄道とバスの全営業を終了し、同時に会社ごと解散してしまった。平成4年当時に欠損補助を受給していた私鉄10社のうち、その後の欠損補助の打ち切りによって直ちに廃線を選んだ会社は他になかったことから、野上電気鉄道が補助金への依存度が特に強い経営状態だったことを際立たせる結果となっている。

鉄道路線が廃止されるときは、既存のバス会社などが代替バスの運行を引き受けるのが一般的である。だが、野上電気鉄道の沿線にはこれを引き受ける既存のバス会社がなく、地元の運送会社が新たにバス事業部を立ち上げて、廃線と同時に会社ごと消滅した野上電気鉄道の代替バスの運行を新規事業として手がける、という異例の経緯を辿った。

晩年の野上電気鉄道に見る放漫経営ぶり

欠損補助の打ち切り通告を受けた栗原電鉄と野上電気鉄道を取材した当時の新聞記事（「存続の危機　民営ローカル鉄道　国が補助金見直し」『朝日新聞』平成5年〔1993〕5月27日付夕刊）には、野上電気鉄道が20年前にも経営危機から廃止申請を出したことがあり、欠損補助を受け入れることで存続してきた経緯が紹介されている。そのうえで、その後も経営状況が改善していないことについて、「近代化も合理化もせず、補助金に甘え、経営努力を怠った」と手厳しく指摘する関係者の証言を報じている。もっと早い時期から施設の近代化を進めるべきだったのに、それをせず、受け取った欠損補助金を運転資金に回すだけでまともな策をほとんど講じてこなかったこと、あるいは、大手私鉄にバックアップを仰いだり鉄道以外の事業部門を拡大して収益を安定化させたりといった中長期的な経営改善をしなかったことへの批判である。

とりわけ、大正5年（1916）に日方を起点として開業し、昭和3年（1928）に登山口（当時は生石口）までの11・4キロが開通した野上電気鉄道は、老朽化が著しい施設や車両を更新する必要に迫られていた。ところが、その一連の対応を見てみると、朝日新聞が報じる関係者の厳しい指摘がもっともだと思えるほど、無計画で杜撰な施策が採られていた。

当時の野上電気鉄道には、明治・大正時代に製造され、戦前に阪神電鉄や阪急電鉄を走っていた古色蒼然たる旧型車両が多数在籍し、さながら動く鉄道博物館の様相を呈していた。さすがの同鉄道も、それらの老車両をいつまでも走らせておくわけにはいかないと考えた。そこで平成2年になって、それらの電車の更新用として、大阪府を走る水間鉄道から5両の中古車両を譲り受けた。

ところが、自社に搬入した後で、線内の橋梁が重量オーバーで通過できないことが判明したのだ。本来ならば、譲り受け前に調べておくべき事項であろう。結局、せっかく譲り受けた5両とも一度も本線を走ることができず、翌平成3年にやむなく解体。経営難の中でこれほど無駄な車両譲渡を実行してしまうとは、まともな経営能力を疑わざるを得ない。

他にも、老朽化した架線柱を交換するため、補助金の受給を前提にコンクリート製の柱を購入したものの、路線の存廃が取り沙汰されて交換工事が凍結されてしまった。その後、廃止決定によって、未使用のコンクリート柱が沿線のあちこちで線路脇に放置されてしまった。結果的には、このコンクリート柱も無駄な買い物だったことになる。

現場の鉄道員の勤務ぶりにも問題があった。欠損補助の打ち切りが通告されるや、会社は当初、平成5年3月での廃線と会社解散の方針を表明。これに地元や従業員が猛反対し、いきなりの会社消滅という事態はひとまず回避されたが、現場で鉄道運行に携わる鉄道員には大きな動揺を与えたと思われる。

それは、廃線間近に野上電気鉄道を訪れた多くの鉄道愛好家によって今もインターネット上に残されている、当時の同鉄道の鉄道員に対する数々の悪評から窺い知ることができる。

私は現役時代の同鉄道に２度乗っている。最初は欠損補助の打ち切り通告前の平成３年３月だったためか、レトロな老朽車両がのんびり走るのどかなローカル線との印象しかない。だが、

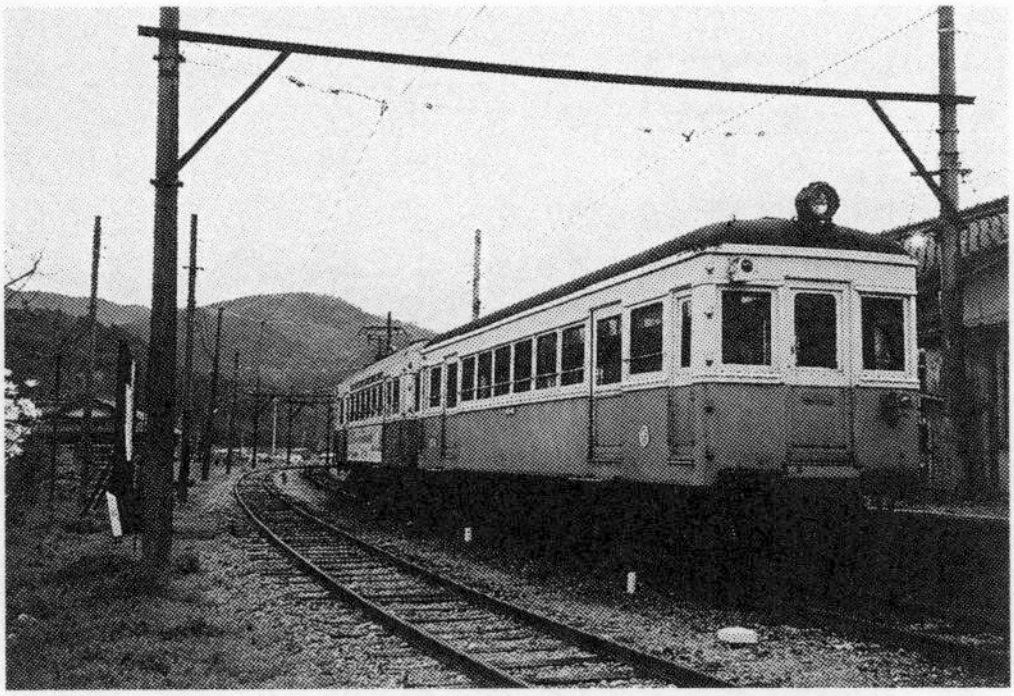

終点の登山口駅に停車する野上電気鉄道の旧型電車（平成３年）

上とほぼ同じ位置から撮影（令和４年）。線路跡は道路になったが、ホームはそのまま残されてバスの車庫に転用された（壁の裏側）。線路の左側にあった民家は同じ場所に健在

廃線の方針が固まった頃から、駅構内や車内での写真撮影を禁止する貼り紙や立札が至るところに掲げられ、廃線を惜しんで現地にやって来た旅行者に対して、駅員や車掌、運転士などが露骨に横柄な態度をとったり、そのような態度が列車運行上の安全確認業務にも現れたりすることが日常的に発生していたという。

2度目の乗車は廃線の約3ヵ月前、平成5年12月末で、確かに、駅構内での撮影を禁じる看板が掲出されていた。当時の私はその意図を「車庫の中などに勝手に入って車両の写真を撮るのは危険だから禁止」というごく当たり前の安全確保の意味だと受け取っていて、深く考えずホーム上や沿線からカメラを向けていた。幸い、特にお咎めもなかったのだが、それはたまたま運が良かっただけで、実はホーム上でも車内でも、とにかく野上電気鉄道を撮影する行為そのものを厳禁する趣旨だったらしい。

廃線の前年に刊行された書籍に掲載されている現地ルポにも、「廃止を発表する前から野上電鉄の若い職員の愛想はよくなかった。職員のしかめっつらが嫌で、鉄道利用からクルマ利用に切り替えた、つまり、野上電鉄から逃げた人も多いと聞く」とはっきり書かれていた（川島令三『全国鉄道事情大研究　大阪南部・和歌山篇』草思社、平成5年）。廃線の可能性が高いとはいえ現に営業中の鉄道会社のサービスの悪さが、活字メディアで名指しでここまで露骨に批判されるのは珍しい。

自分たちが働く職場がまもなく消滅する運命にあり、次の職のことも考えながら日々の鉄道運行に従事しなければならない鉄道員の心理状態が平穏でないことには同情の余地がある。とはいえ、接客業であり、かつ安全確保が何より大切な交通機関という職場でそのような顧客軽視、安全軽視の雰囲気が常態化していたのは、異常というほかない。鉄道会社としての主体的な発展や顧客からの信頼獲得についての努力を怠り、どれだけ赤字を出しても補助金で補塡されて経営が持続する他力本願的な現状維持に甘んじる社風が、経営陣から現場に至るまで全社的に蔓延（まんえん）していたのかもしれない。

営業終了と同時に会社ごと消滅してしまった野上電気鉄道の廃線までのありようは、日本の鉄道史上でも特異なケースとして記録され、また語り継がれている。その路線の痕跡は、起点の日方でも終点の登山口でも、今ではほとんど見つけることができない。隣接する紀勢（きせい）本線の海南（かいなん）駅が高架化された日方の駅跡は更地になり、登山口駅ホームがあった場所には後継のバス会社の車庫が設けられている。かろうじて解体を免れた一部の老電車が、旧沿線の公園などで静態保存されている。

国鉄から転換した第3セクター鉄道の苦境

国鉄再建法によって廃線指定を受けた特定地方交通線のうち、地元自治体等に経営が移管され、第3セクター鉄道として存続した路線は36線区、1283・8キロ（他に2線区、24・6キロが既存の私鉄等に移管して存続）。それぞれの地元住民の強い要望によって廃線が回避され、地域密着型の新しい鉄道路線として再出発した。第3セクター化を機に、計画中や工事中の未開業区間を建設して路線延長した福島県の阿武隈急行や岐阜県の樽見鉄道、愛知県の愛知環状鉄道、複数の部分開業路線をまとめて新会社で引き受け、残りの区間を新たに建設して当初の構想通りに全通させた岩手県の三陸鉄道、秋田県の秋田内陸縦貫鉄道のような例もあった。

だが、これらの転換路線は、いずれももともと赤字が深刻であるがゆえに廃線候補となったのであり、経営主体が変わったからと言って沿線人口が劇的に急増したり、マイカーの普及状況に変化が生じたりするわけではない。そのため、転換後5年間に限り認められていた赤字補塡措置が打ち切られると、鉄道事業の継続を断念して廃止される路線が出始めた。

第3セクター転換路線初・のと鉄道の縮小

表10は、バスではなく鉄道として存続した元・特定地方交通線で、その後に廃線となった路線の一覧である。転換後に廃線となった最初の2例は弘南鉄道黒石線（元・国鉄黒石線）と下北交通大畑線（元・国鉄大畑線）で、いずれも新たに設立された第3セクター会社ではなく、地元の既存私鉄（弘南鉄道）やバス会社（下北交通）が転換路線を引き受けた稀少な例であった。

これに対し、3番目ののと鉄道能登線（元・JR能登線）は、地元自治体が主体となって新たな第3セクター会社を設立してまで引き受けた路線が廃止となった初のケースである。昭和

表10　第3セクター鉄道へ転換した後に廃止された元・特定地方交通線

鉄道会社	事業形態＊	都道府県	区間	キロ程（km）	国鉄時代の路線名	転換年月日	廃止年月日
弘南鉄道	民鉄	青森	川部～黒石	6.2	黒石線	昭59（1984）.11.1.	平10.4.1.
下北交通	民鉄	青森	下北～大畑	18.0	大畑線	昭60（1985）.7.1.	平13.4.1.
のと鉄道	3セク	石川	穴水～蛸島	61.0	能登線	昭63（1988）.3.25.	平17.4.1.
北海道ちほく高原鉄道	3セク	北海道	池田～北見	140.0	池北線	平元（1989）.6.4.	平18.4.21.
神岡鉄道	3セク	富山・岐阜	猪谷～奥飛騨温泉口	19.9	神岡線	昭59（1984）.10.1.	平18.12.1.
三木鉄道	3セク	兵庫	厄神～三木	6.6	三木線	昭60（1985）.4.1.	平20.4.1.
高千穂鉄道	3セク	宮崎	延岡～高千穂	50.1	高千穂線	平元（1989）.4.28.	平20.12.28.＊

＊「事業形態」の「3セク」は「第3セクター鉄道」のこと
＊高千穂鉄道は平成17年9月6日の台風被災で全線運休となり、そのまま復旧されず平成19年9月6日付で延岡～槇峰間がまず廃止され、次に残存区間が廃止して全線廃止となった

63年（1988）に新会社に転換してから17年の歳月を経て、今度こそ鉄道の存続を諦めた、ということになる。

　石川県の能登半島を走る61・0キロの能登線は、転換直後は運行本数を大幅に増やしたことなどから地元客の利用が増え、収支がほぼ均衡する安定した経営状態でスタートしている。ところが、JR七尾線の七尾～輪島間の運営がのと鉄道へ移管された平成3年（1991）度から、毎年度の赤字額が増加し始める。旅客輸送人員も平成4年をピークに減少が続いたことから、平成13年、赤字額が特に大きい七尾線の穴水～輪島間を廃止。それでも抜本的な経営改善には結びつかず、ついに平成17年、開業当初からの路線だった能登線も全廃し、のと鉄道は七尾線から引き継いだ七尾～穴水

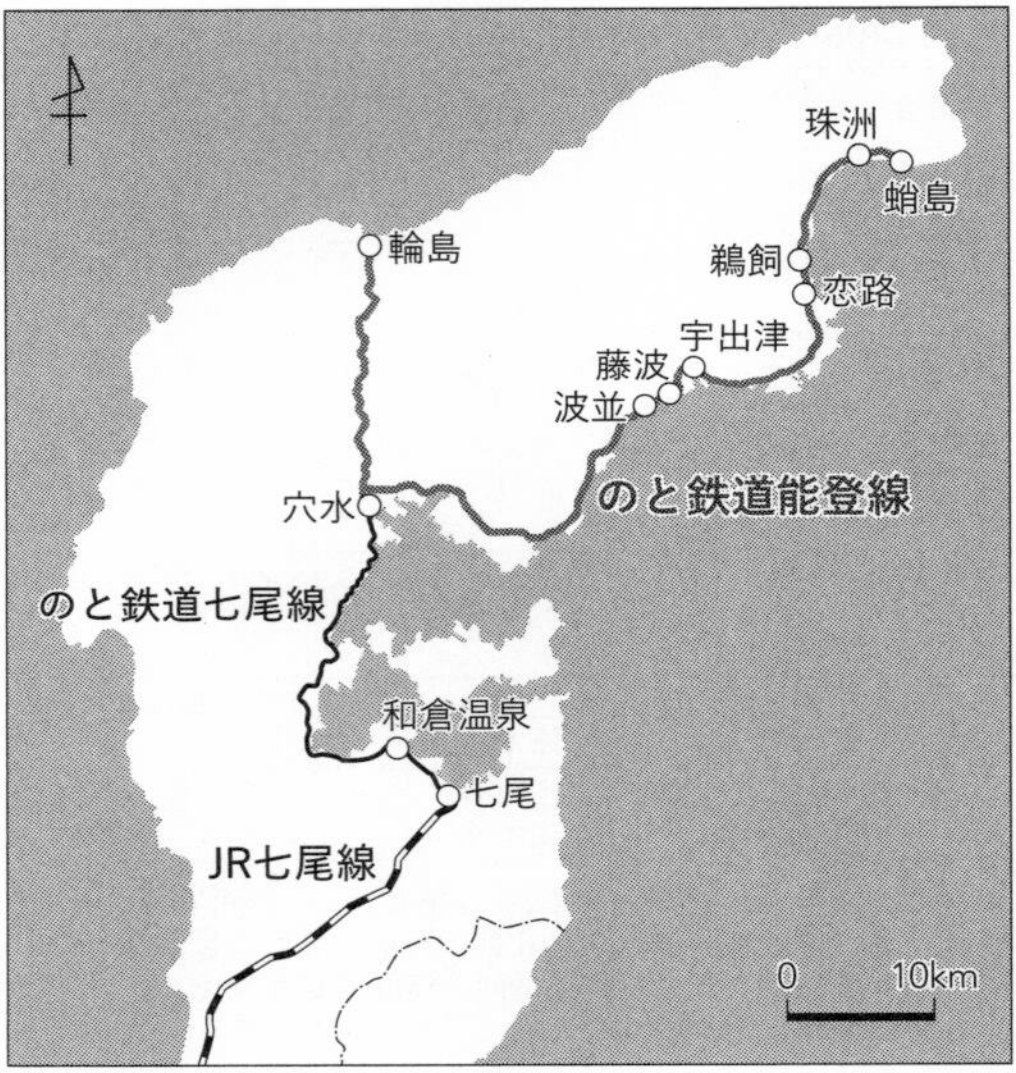

のと鉄道

間33・1キロだけのミニ鉄道となって現在に至っている。

　のと鉄道の経営悪化は、赤字の数値の推移が示す通り、JR西日本から七尾線を引き継いだことがきっかけだったと思われる。特に、急勾配の区間があり線路の規格も低く、並行道路に比べて所要時間がかかる穴水〜輪島間は赤字額が大きかった。

　しかも、穴水以北の七尾線区間は経営移管後もJR西日本が線路等の施設を保有する第3種鉄道事業者であり、のと鉄道はその線路上で列車の運行を担当する第2種鉄道事業者だった。そのため、線路などの施設改良をのと鉄道自ら主体的に行うことができず、それでいて高額な線路使用料をJR西日本に払い続けなければならない。

　こうした状況で会社としての赤字が膨らんだのと鉄道は、最初に穴水〜輪島間を手放し、ついに会社設立当初の事業対象であった能登線まで廃止せざるを得なくなってしまったのである。「もしあのときこうしていたら」という「歴史のif(イフ)」が許されるのであれば、七尾線を引き受けず自社保有の能登線だけで営業を続けていたら、平成17年の時点で能登線が廃線になることはなかったのではないかと思えてならない。

のと鉄道藤波(ふじなみ)駅跡（令和４年）。線路も待合室も撤去されず、廃線当時のまま草叢に埋もれている

その能登線の廃線跡を、最大震度7を観測した令和6年（2024）元日の能登半島地震より1年余り前の令和4年（2022）11月に訪ねていた。北陸鉄道グループの子会社による転換バスは概ね鉄道跡に並行して運行されており、今でも「鵜飼(うかい)駅前」「波並(はなみ)駅前」など、かつての鉄道駅の存在を前提とするバス停名が多数並んでいる。

ただ、61キロもの長距離区間を路線バスで代替するには、困難も少なくないと思われる。いくら列車と同程度の運行本数が確保されても、定時運行の確保や通学時間帯の大量輸送という点で、バスはどうしても鉄道に劣る。駅で列車を待つのと、バス停でバスを待つのとでは、利用客の心身への負担も異なる。廃線の3

年後に刊行された廃線跡の探訪記には、「鉄道廃止で高校生の通学は不便極まりなく、七尾高への通学生は下宿を余儀なくされ、珠洲市内の高校へもバスの混雑が激しく大不評」という鵜飼駅跡周辺の住民の声が紹介されている（寺田裕一『私鉄の廃線跡を歩くIII 北陸・上越・近畿編 この50年間に廃止された全私鉄の現役時代と廃線跡を訪ねて』JTBキャンブックス、平成20年）。

鉄道時代の痕跡は、廃線から20年近く経っているにもかかわらず、各地で目にすることができる。しかも、それらの多くはまさに「放置」であって、「廃線跡」としてきちんと整備・活用されているのは、本社があった宇出津駅跡のモニュメントと、ロマンチックな駅名で人気があった恋路駅付近の線路跡を活用したレールバイク（自走トロッコ）が観光客向けに営業しているのが目立つくらいだ。小集落の中や海岸線沿いにあった無人駅は、今も草叢の中に埋もれながら、廃止時点の姿をほぼそのままとどめている。駅のホームに掲げられていた看板などもそのままで、時間が停止したような雰囲気が漂っている。

廃墟のような小さな待合室の中に、誰かが訪問記念の駅ノートを設置した廃駅もある。ページを開くと、「昔、能登線に乗ったことがあり、久しぶりにこの駅に来ました」などと記された書き込みが継続的に見られる。皮肉なことに、長年にわたる廃線の放置状態を逆に懐かしがって当地を訪れる観光客が一定数いることが窺える。

また、平成29年に当地で開催された第1回奥能登国際芸術祭では、能登線の廃線跡や廃駅跡がそのまま作品展示の舞台となり、廃線跡を利用したアート作品があちこちの廃駅や線路上に展示された。それらの作品は、今も芸術祭の作品案内板とともに現地に残されている。

終着駅だった蛸島（たこじま）駅では、線路の終端部と穴水側の線路上の双方に別々の作品が展示されている。片面ホームのすぐ目の前は畑が広がっていて、前衛的（？）なアート作品との対比の光

蛸島駅に停車するのと鉄道のディーゼルカー（平成12年）

上とほぼ同じ位置から撮影（令和４年）。ホームや線路がほぼ廃線当時のまま残っている

景がシュールである。穴水側の線路上にある作品のさらに先にある築堤上には、のと鉄道を走っていたディーゼルカーが朽ち果てつつもポツンと残されていて、超現実的な雰囲気をいっそう高めている（口絵①）。

ふるさと銀河線の消滅と体験型観光施設としての再生

のと鉄道のように特定地方交通線から第3セクター鉄道へ転換して存続した路線には、地域的な偏りがあった。それは、特定地方交通線全体では83線区のうち約4分の1にあたる22線区を北海道の路線が占めていたのに、バスではなく鉄道に転換したのは1線区だけだった、という点である。雪に強いとされる鉄道の強みは北海道でこそ発揮しやすいのではないかとも思えるが、全体的に人口稀薄（きはく）地域が多い北海道では、貨物営業を行わないローカル線を第3セクター会社に引き継がせても、持続的な経営は難しいと判断されたのだ。

そんな中で、唯一、第3セクター鉄道として存続したのが、平成元年（1989）にJR池北線から転換した北海道ちほく高原鉄道である。「ふるさと銀河線」という路線名が付けられた池田（いけだ）〜北見（きたみ）間の路線延長は140・0キロに及び、これは特定地方交通線から転換した第3セクター鉄道としては全国で最も長距離だった。

事前に予想されていた通り、ふるさと銀河線の営業成績は当初から非常に厳しかった。毎年4〜5億円の経常損失を計上し、転換交付金や補助金などを積み立てた経営安定基金の運用益でその赤字を埋める経営を続けていたが、バブル崩壊後の低金利政策の影響で計画通りの運用益が見込めなくなった。肝心の利用客も、平成２年度の年間約１０２万人が平成14年度には約53万６０００人と半減。北海道からの大規模な財政支援も見込めず、明治末期に開業した路線の施設更新費用なども考慮した結果、鉄道としての存続は困難との結論に至った。

こうして平成18年４月、北海道ちほく高原鉄道ふるさと銀河線は約17年間の歴史を終えて廃線となり、バスに転換された。これにより、国鉄再建法に基づく第３セクター鉄道は、北海道から姿を消したことになる。十勝(とかち)バスと北海道北見バスの２社による転換バスも沿線の過疎化、特に高校生の通学客の減少が大きく響き、利用者は転換後の10年間で３割近く減ったという。

ところが、ふるさと銀河線のほぼ中間地点にあった陸別(りくべつ)駅構内や残された鉄道施設、ディーゼルカー、さらに陸別から約10キロの線路跡などは、廃線後に

北海道ちほく高原鉄道

ふるさと銀河線のディーゼルカーによる保存運転（陸別）

陸別駅構内のディーゼルカー運転体験は小中学生でもOK

陸別町が取得して整備され、2年後の平成20年から体験型観光施設「ふるさと銀河線りくべつ鉄道」として営業を開始した。訪れた観光客は、旧陸別駅構内や隣駅までの路線の上で、ふるさと銀河線を走っていた本物のディーゼルカーを実際に運転できる。これが評判を呼び、全国から観光客がやって来るようになったのだ。陸別駅構内の往復運転なら小学生でも体験できるとあって、夏休みともなれば、体験運転のインターネット予約が受付初日にわずか数分で全部埋まってしまうこともある。

本物の鉄道車両を実際の線路上で自分が運転する、という体験運転は、駅構内や車両基地内部の短い区間であれば、現役の鉄道でも可能である。私自身も小学生のとき、東京都内の国鉄の車両基地で開催された地域開放イベントで、100メートルほど電車の体験運転をしたことがある。だが、隣駅まで5キロ以上もの長距離を一般人が体験運転できる場所は、日本国内では他にない。駅を出ても自然が広がるばかりで、周辺環境への配慮が比較的少なくて済む北海道ならではの廃線跡活用策と言える。

駅の構外まで走る体験運転は1回あたり2万円から6万円と高額な料金設定にもかかわらず、何度でも運転したいと考えるリピーターがいるという。陸別駅の乗車券売場前には構外への体験運転回数が25回以上のリピーターの名札が並べられているが、令和4年（2022）時点ではその全員が北海道外からの来訪者で、中には100回以上、150回以上という強者（つわもの）もいた。

リピーターの獲得は、観光産業にとって重要な成果である。単価が高い体験運転プログラムが好調であることも手伝って、りくべつ鉄道の売上高は、オープンから15年目にあたる令和4年度まで4年連続で過去最高を更新。令和5年度は売上総額こそ前年度より減ったものの、1日あたりの売上高は過去最高だった前年度の実績をさらに上回った。転換バスの公共交通機関としての営業不振は依然として問題となり続けているものの、著名な観光資源がなく地域外からの旅客の誘致に苦労していたふるさと銀河線は、廃線によって鉄道事業法や鉄道営業法に基づく輸送機関ではなくなったことで初めて、全国レベルで競争力のある観光資源を作り出すことに成功したと言えるのかもしれない。

レールバイクの先駆け・神岡鉄道跡のガッタンゴー

りくべつ鉄道のような実際の鉄道車両を使用した廃線跡の活用は難しいとしても、残された線路の上にもっと簡素な車両を走らせて観光資源とする試みは、近年、全国で増えつつある。中でも、自転車のように人力でペダルをこいで走るレールマウンテンバイクは、車両の整備や運転が容易とあって、本書でここまで紹介した廃線のうち岩泉線（104ページ以下）、小坂製錬小坂線（142ページ）、くりはら田園鉄道（147ページ以下）などで観光施設として導入されている。

そのレールマウンテンバイクの先駆け的な存在と言えるのが、岐阜県を走っていた第3セクター鉄道・神岡（かみおか）鉄道の廃線跡を活用した「ガッタンゴー」だ。かつては観光客の来訪などほとんど想定していなかった産業鉄道跡に、今ではガッタンゴー目当ての観光客が毎年約4万人も訪れるようになっている。令和5年（2023）には延べ乗車客数が50万人を超え、岐阜県有数の観光アクティビティーとしてすっかり定着している（口絵⑥）。

神岡鉄道は、特定地方交通線に指定された国鉄神岡線が転換して昭和59年（1984）にスタートした第3セクター鉄道である。富山県にある猪谷を出た列車は、高山本線から分岐して神通川に通じる宮川を渡ると岐阜県に入り、トンネルや橋梁が連続する山岳地帯を走り抜けて19・9キロ先の奥飛驒温泉口へと到達していた。

もっとも、「奥飛驒温泉口」と名乗っていても、主要な温泉郷は駅から遠く離れていてアクセスも悪く、温泉客の利用はほぼ皆無であった。もともと神岡鉄道は、国鉄から転換した第3セクター鉄道としては珍しく、神岡鉱山から産出する硫酸の貨物輸送を主要な収入源とする産業鉄道だった。その硫酸輸送が平成16年（2004）にトラック輸送へと切り替えられ、貨物収入を失ってしまうと、わずかな旅客収入だけで存続できるはずもなく、平成18年12月にあえなく廃線となってしまったのであった。鉄道が廃止されると、並行道路を走る代替バス路線が新たに設定

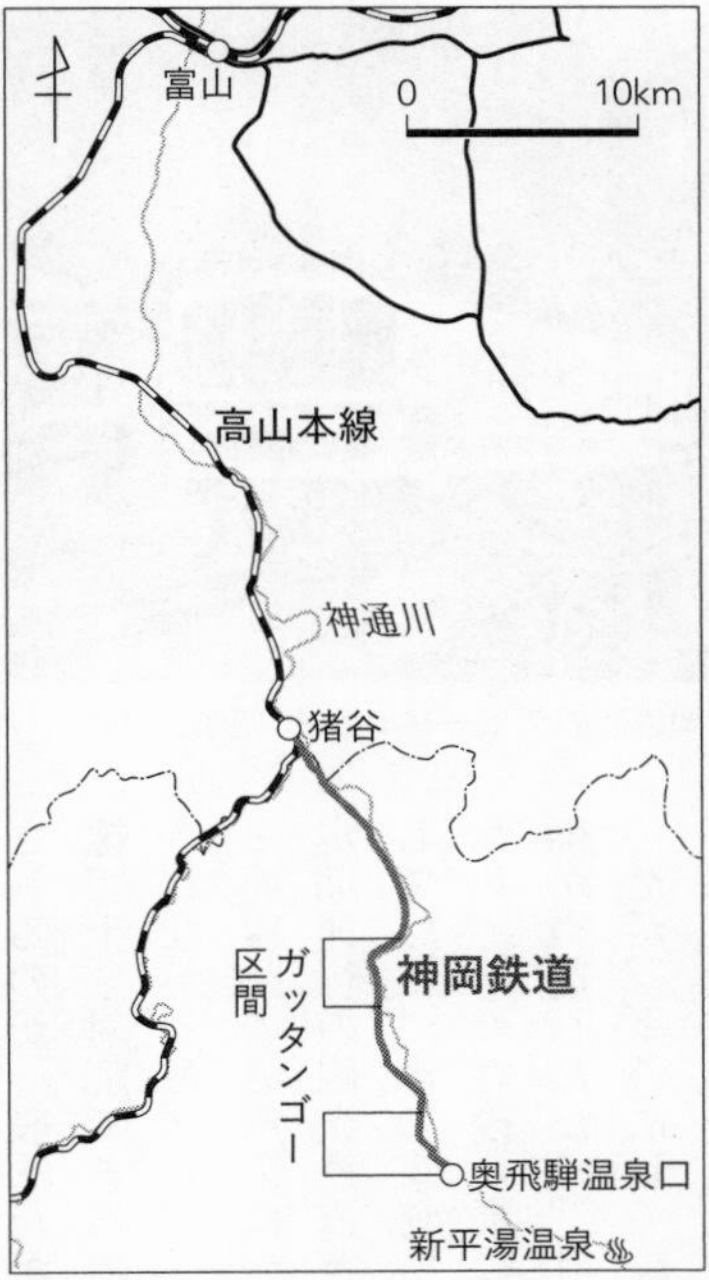

神岡鉄道

されるのが一般的だが、神岡鉄道の旅客は既存のバス路線で十分対応できると判断されたのか、代替バスは設定されなかった。

廃線跡の活用策について、廃線当時の飛騨市長は「不定期運行の観光鉄道として存続させる」との意向を表明していた。市の事務所に神岡鉄道再開準備室が設置されたが、その直後の飛騨市長選挙で観光鉄道化の反対派候補が当選したため、計画は頓挫してしまう。

だが、幸いにして線路は撤去されなかった。廃線と同時に、地域の交流人口増加を図る地元のNPO法人が、線路の上を自転車で走れる乗り物を作って新たな観光資源にする試みに取り組んでおり、廃線跡を実際に走行する体験運転会ですでに一定の集客実績を挙げていたからである。その当時、廃線跡にエンジン付きのトロッコを走らせる観光施設は北海道で見られたが、自転車式のトロッコで観光客自ら運転して、旧駅構内を出て実際の営業区間だった線路上を長距離走行するアクティビティーは国内に先例がなかった。地元の鉄工所が設計図を引いて開発された自転車型トロッコは、線路の継ぎ目を通過す

猪谷を出発する神岡鉄道のディーゼルカー（平成12年）

神岡鉄道の第二高原川橋梁（漆山〜神岡鉱山前）。自転車型トロッコ「ガッタンゴー」で自走する

るときの「ガッタン、ゴットン」という振動の擬音語を「Go!」の単語と組み合わせて、「〇〇号」という列車名を思わせる「ガッタンゴー」と名付けられた。

先例がないオリジナリティーは、成功すれば「初めて」という付加価値によって大きな訴求力を発揮する。廃線跡を活用した画期的な地域振興の取り組みと評価され、国土交通省や総務省などによる地域振興分野での表彰や受賞が相次いだガッタンゴーは、ネーミングセンスの良さも功を奏したのか、メディアでの報道が増え、口コミも拡散して知名度が上昇。当初は奥飛騨温泉口駅跡を発着する市街地中心のコースだけだったが、その後、山間部の渓谷沿いを走るコースも設定された。今後もコース拡大の構想があるという。旅客列車に自分以外の観光客が誰も乗っていなかった現役時代の神岡鉄道を思い出すと、隔世の感を免れない。

廃線当時のまま保管されていた神岡鉄道のディーゼルカーを、ガッタンゴーと同じ線路上で観光客が体験運転することもできるようになった。廃線当時に構想されていた観光鉄道化が、十余年の時を経て、形を変えて実現したのだ。ガッタンゴーの成功がなければ、ディーゼルカーが再び本線上を走るのは難しかったに違いない。

ただ、これらの廃線跡の活用は、観光客の増加による経済効果のみを目的として行われているわけではないという。ガッタンゴーを運営するNPO法人の理事長は、昭和末期の豪雪時に道路が途絶しても国鉄神岡線は動いたため神岡が陸の孤島にならなかった経験から、「廃線になってもレールさえ残しておけば、将来何かあったときに再び活用できる」と考えたことが当初の動機だった、と雑誌の取材に答えている（「こうしてヒット商品は生まれた！『ガッタンゴー』」『月刊石垣』２０１８年〔平成30〕９月号）。ガッタンゴーの事業を未来永劫続けていくのではなく、「いつかまた別の必然が生まれたとき」（同誌）のために線路を残しておくことが究極の目的だとする発想もまた、さまざまな取り組みがなされている全国各地の廃線跡の活用事業の中で、相当に先の将来を見据えた先進的な展望として異彩を放っている。

2　整備新幹線の並行在来線問題

並行する幹線をＪＲから切り離す整備新幹線

国鉄再建法によって廃線候補となった路線を「特定地方交通線」と呼ぶのは、その前提として、同法が全国の国鉄路線を旅客や貨物の輸送実績に基づいて幹線と地方交通線に分類し、後者の中から対象路線を特定したことに由来する。昭和56年（1981）に分類が実施されてから40年以上、一度も見直しが行われていないのだが、後者には幹線よりも割高な運賃が設定されるため、市販の時刻表でも巻頭の地図で色分けされ、明確に区別されている。

この分類に基づいて特定地方交通線が選定されている以上、幹線は、幹線であるというだけで、原則として廃線対象から除外される。

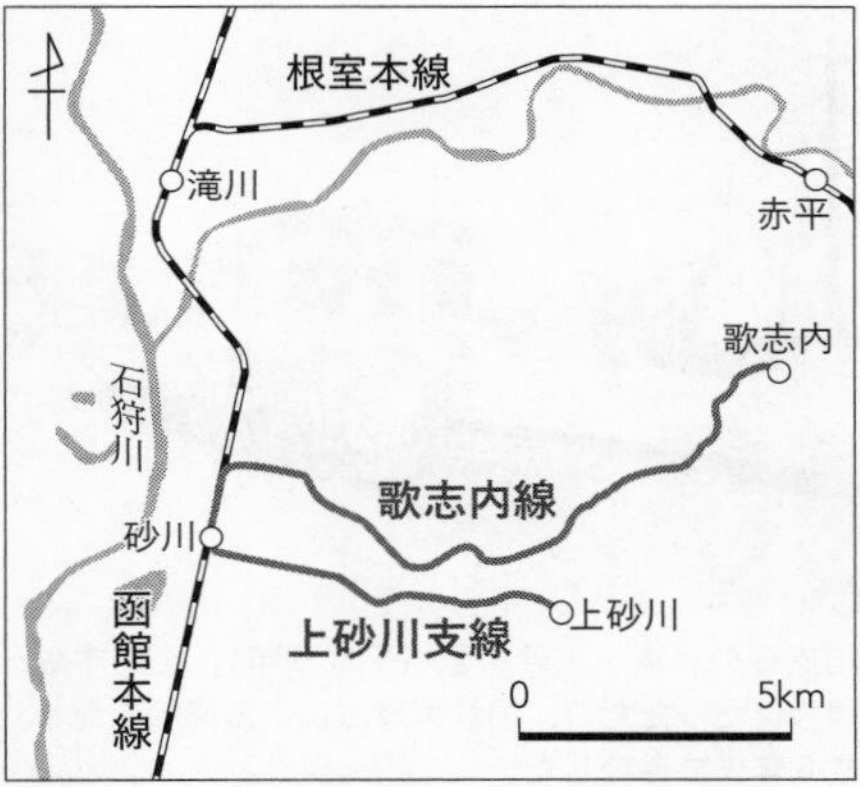

歌志内線と上砂川支線

北海道の函館本線砂川駅から分岐していた2つの炭鉱路線は、片や歌志内線（砂川～歌志内）という独立した路線名を持ち、他方は上砂川までの函館本線の支線（通称「上砂川支線」）として独立した路線名を持たなかったところ、歌志内線は特定地方交通線として昭和63年に廃止されたのに、同じような形態の上砂川支線は幹線である函館本線の一部であるため、廃止の検討すら行われなかった（ただし、国鉄再建法とは関係なく、JR化後の平成6年〔1994〕に利用者減少のため廃止）。

このように、国鉄・JRの幹線が廃止されることは基本的に想定されていなかったのだが、平成9年になって、それまで特急列車が頻繁に往来していた

上砂川支線の終点・上砂川駅（平成5年）。函館本線の支線扱いだったため、国鉄再建法による廃線を免れて平成6年まで存続した

幹線の一部が廃止される事態が初めて発生した。北陸新幹線（当時は長野新幹線）の開通に伴い、並行する信越本線がJRから切り離されるにあたり、碓氷峠を越える横川〜軽井沢間11・2キロが第3セクター鉄道としても存続せず廃線になったのだ（68ページ地図参照）。代替バスの運行をJRバス関東が引き受けている点も、地元のバス会社に転換されることが多い従来の赤字ローカル線の廃線パターンとは異なっている。

北陸新幹線は、いわゆる整備新幹線として最初に開業した新幹線である。整備新幹線とは、昭和45年に制定された全国新幹線鉄道整備法及びその施行令に基づき、新たに建設すべきとされた新幹線ルートで、①盛岡以北の東北新幹線、②北海道新幹線、③北陸新幹線、④九州新幹線鹿児島ルート、⑤九州新幹線西九州ルートの5路線を指す。令和6年（2024）現在、①と④は全通しており、②・③・⑤は部分開業まで至っている。

国鉄時代に開業した東海道・山陽新幹線は、「並行する在来線の線路増設」という論法によって建設された。在来線の旅客・貨物の輸送量が限界に達していたため、在来線に並行して新幹線という新しい線路を増設することで長距離旅客輸送を新幹線に集約し、在来線を貨物輸送や地域密着型の地域輸送に集中させようとしたのだ。したがって、並行する在来線は、新幹線開業後も引き続き国鉄の下で運行されるのが当然の前提だった。

だが、整備新幹線にそのような並行在来線の過密状態を緩和する目的はなく、むしろ、新幹線開業後は並行在来線と競合関係になる。そうなれば、スピードが遅い在来線の旅客が減るのは明らかなのに、新幹線開業後も在来線の運営を同じJRに継続させるのは無理がある。

そのため、初の整備新幹線着工となる北陸新幹線の建設にあたっては、並行する信越本線の扱いについても同時に検討が行われた。その結果、横川～軽井沢間は廃線とし、軽井沢～長野間は篠ノ井(しののい)線と合流する篠ノ井以東の区間を第3セクターの新会社に移管することとなった。その後の整備新幹線建設に際しても、並行在来線は原則として沿線自治体及びJRの事前の同意を得たうえで、JRから経営分離して第3セクターの新会社に移管する措置が採られている。

特例的な碓氷峠区間の廃線

並行在来線を「JRから経営分離」するというルールは、分離された後の在来線をどうするか、ということまでは一律に決めていない。だが、実際には令和6年（2024）春の北陸新幹線の敦賀(つるが)延伸のケースまで、並行在来線の大半は新設の第3セクター会社に経営移管され、JRが引き続き運営するケースは九州新幹線に並行する鹿児島本線の熊本～八代(やつしろ)間と川内(せんだい)～鹿(か)

児島中央間、西九州新幹線に並行する長崎本線の肥前山口（現・江北）～長崎間しかない。

唯一、鉄道の営業をやめてバスに転換した碓氷峠のケースは、他の路線とは異なる特殊な事情がある。この区間には66・7パーミル（1000メートル走ると標高が66・7メートル上がる）

熊ノ平信号場を通過する特急「あさま」（平成9年）。先頭に碓氷峠専用の電気機関車EF63が2両連結されている

上とほぼ同じ位置から撮影（令和4年）。構内は廃線跡を整備した遊歩道の終点になっていて、軽井沢側のトンネルは立入禁止になっているのが見える

もある登山鉄道なみの急勾配がそびえていて、特急・急行を含む全ての旅客列車は峠の両側にある横川または軽井沢の両駅で長時間停車し、峠越え専用の補助機関車を連結し、切り離さなければならなかった。この横川駅での停車時間中にホームで販売されて知名度を全国レベルにまで高めたのが、名物駅弁「峠の釜めし」である。

わずか1区間の運行のために、峠の両側の駅に専用の機関車や乗務員を配置しなければならず、通常の路線よりはるかに維持コストがかかる。それでいて、この区間は群馬・長野両県の県境にあたり、生活圏がはっきり分かれていて地元客の日常的な往来は少なかった。同区間を走る貨物列車はすでに国鉄時代に全廃されていた。したがって、新幹線の開通によって特急・急行列車がなくなった後も、在来線としてこの区間を引き続き運行するメリットは少なかったのである。

廃線が具現化しつつある函館本線の〝山線〟

ところが、この碓氷峠以来となる並行在来線の廃線事案が、北海道新幹線の建設に伴って具体的に進行している。平成28年（２０１６）に新函館北斗まで開業した北海道新幹線は、令和12年（２０３０）度末までに札幌まで延伸すべく建設工事が進められてきた。札幌市が２０３０年の冬季オリンピックの招致を断念し、それに伴い新幹線の札幌延伸も延期される見込みだが、いずれにせよ、整備新幹線の建設ルールに従えば、新幹線の札幌延伸とともに、並行在来

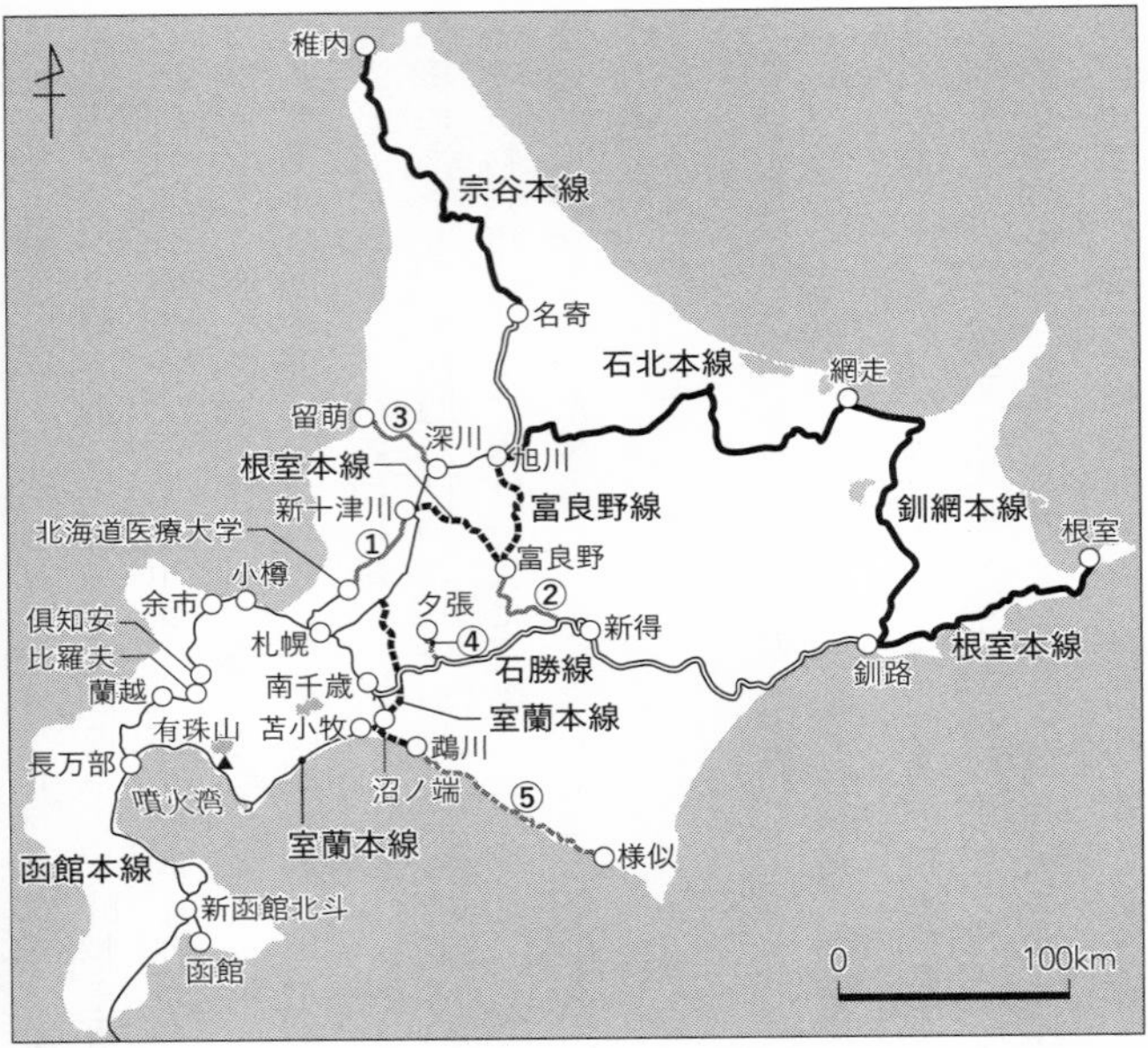

―― 赤線区

①札沼線（北海道医療大学～新十津川）
②根室本線（富良野～新得）
③留萌本線

---- 茶線区

④石勝線夕張支線
⑤日高本線（鵡川～様似）

━━／┅┅ 黄線区

宗谷本線（名寄～稚内）
根室本線（釧路～根室）
根室本線（滝川～富良野）
室蘭本線（沼ノ端～岩見沢）
釧網本線
日高本線（苫小牧～鵡川）
石北本線
富良野線

JR 北海道の路線図

「維持困難線区」の赤線区をグレー実線で、茶線区をグレー破線で示す。太い黒実線と黒細線の二重線は宗谷本線、石北本線、石勝線・根室本線、釧網本線のいわゆる「北方４線」。函館本線の長万部～小樽間（山線）は北海道新幹線の並行在来線として廃線になることが関係自治体間で合意済み

通称〝山線〟区間にある比羅夫（ひらふ）駅。昭和末期から駅舎を改造した民宿が営業しており、「駅に泊まれる宿」として人気がある

線である函館本線はＪＲ北海道から切り離される。このうち、長万部（おしゃまんべ）から倶知安（くっちゃん）や小樽（おたる）を経由して札幌に至る通称〝山線〟のうち、長万部～小樽間１４０・２キロは第３セクターなどに移管することなく廃線とすることが、令和４年に北海道や沿線各自治体の同意によって事実上の決定事項となっている。

函館本線は、函館から旭川までの４２３・１キロを結ぶ北海道内の筆頭幹線であり、明治以来、北海道内の鉄道輸送の基幹として位置づけられてきた。だが、長万部から札幌までの山線区間は急勾配やカーブが連続する線形のためスピードが出せず、長万部から東に分岐して噴火湾（ふんかわん）に沿って走る室蘭（むろらん）本線経由、通称〝海線〟経由のほうが、距離はやや長いが札幌までの所要時間は短くなる。このため、国鉄末期に函館～札幌間を直通する特急列車は全て海線経由へと統一され、その後の長万部～小樽間の大半は、地域輸送目的の普通列車が細々と走るだけのローカル線と化している。

もっとも、海線が走れなくなる非常事態の際に、函館〜札幌間の大動脈を維持するため、山線が代替機能を果たしたことがある。平成12年に有珠山が噴火し、海線が2ヵ月以上にわたって不通になったときは、函館〜札幌間の特急列車や本州と札幌を結ぶ寝台特急「カシオペア」「北斗星」「トワイライトエクスプレス」などの主要列車が山線経由で運行された。貨物列車も、単線非電化で急勾配がある山線では輸送量が著しく限られ、途中駅で反対列車との行き違いができるよう連結車両数も制限されたものの、臨時運行の旅客列車と調整しつつ、1日5往復程度が何とか確保されている。このとき、JR北海道は噴火災害の長期化を見越して、長い編成の特急列車や貨物列車が単線区間でも安全に行き来できるように、山線の各駅で施設改良工事を実施している。

北海道新幹線の開業に伴う山線の存廃を巡る議論では、この有珠山噴火時の経験を踏まえて、有事の際の代替ルートとして山線を残すべき、という意見が出された。これに対してJR貨物は、当時の有珠山噴火時に山線を走行したディーゼル機関車は国鉄時代に製造された旧型車両だったが、それから20年が過ぎた現在の主力機関車は大型化していて、古びた施設の山線を走行するには課題が多いとして否定的な見解を示している。もっとも、JR北海道は有珠山噴火の前日に、JR貨物の新型機関車が山線を走れるかどうかにつき同社から打診を受けており、実地調査の結果、一定の補強工事をすれば走行可能との結論に達していた旨の記録を残している（北海道旅客鉄道株式会社〔編〕『有珠山噴火　鉄道輸送の挑戦』北海道旅客鉄道株式会社、平成13年）。

長万部〜小樽間の全線を廃止する方針に対して、少なくとも余市（よいち）〜小樽間だけでも残すべきではないか、との意見はなお根強い。ＪＲ北海道は「自社単独で維持することが困難な線区」の目安として「輸送密度（1キロあたりの1日平均旅客輸送人員）が２０００人未満の線区」という判断基準を用いているが、小樽への通勤・通学客が多い余市〜小樽間は平成30年度の輸送密度が２０００人を上回っていた。

そのため、山線の各沿線自治体の中でも、特に余市町（よいちちょう）は余市〜小樽間の鉄道存続を強く望んでいた。最終的には、同区間のみ第3セクター化しても持続的な列車運行は難しいとの判断から廃線に同意したが、余市町にしてみれば、自分たちの町に停車しない新幹線ができることで、利用実績上は廃線対象にならないはずの町内の鉄道路線が廃止されてしまうとあっては、そう簡単には納得できなかったに違いない。

しかも、山線を廃止した場合に転換バスの運行を委託する予定とされている沿線の複数のバス会社は、いずれも、バスの運転手確保の見通しが立たないとして、「北海道庁が求める鉄道並みの輸送力を維持したバスの運行ダイヤ案は実現困難」との姿勢を示している。バスに転換すると決めたのに、転換バスを引き受けてもらうはずのバス会社との話がまとまっていないのだ。路線バスの運転手不足は全国的な問題となっており、「赤字の鉄道路線をバスに切り替えれば、地方の公共交通を維持しつつ経費削減にも繋がる」といった発想は、地域によっては机上の空論に近づきつつある。

ひとまず関係自治体が同意している以上、並行在来線としての長万部〜小樽間は、北海道新幹線の札幌延伸に伴い廃線となる前提で話が進んでいる。廃線が事実上確定して以来、山線には休日を中心に、全国から廃線を惜しむ旅行者が訪れるようになっている。1日4〜5本しか走らない長万部〜蘭越（らんこし）間では、1両編成のディーゼルカーが立ち客で満員になることも珍しくない。

この盛況がいつまで続くのか、そして本当にこの長距離路線が消滅してしまうのか。明治の鉄道創業以来、幹線に属するこれほどの長距離路線を一気に廃止した経験はないだけに、将来の廃線を見込んで山線に押し寄せる旅行者の中には、実際にはまだ半信半疑で事態の推移を静かに見守っている向きも少なくないように感じられる。

長万部以南の貨物列車はどうなるか

いちおうは決着した形となっている山線存廃の議論に対して、長万部以南の函館本線をどうするかについては、令和5年（2023）の時点でまだ明確な結論が出されていない。

函館〜長万部間112・3キロも、整備新幹線のルールによってJR北海道から切り離されること自体は決まっている。だが、この区間は、北海道と本州とを結ぶ貨物列車が1日約50本も走る物流の大動脈でもある。もしこれを廃線にして貨物列車の運行を不可能にしたら、日本全国の物流ネットワークに重大な影響を及ぼすことになる。

同区間の沿線各自治体と北海道は、北海道新幹線が停車する新函館北斗駅と函館市の中心部に位置する函館駅を結ぶ区間だけは第3セクター鉄道に転換させるが、新函館北斗〜長万部間の存続には消極的である。もともと人口稀薄な地域であり、函館〜札幌間を直結する特急列車と、本州と道央や道東方面とを直結する貨物列車が主役である現状からすれば、地元と無関係の貨物列車とわずかな旅客を乗せて細々と走る地域輸送型のローカル列車だけの路線を巨額の財政負担によって維持するメリットは、沿線自治体にはほとんどないからだ。

だが、本州と北海道を結ぶ貨物列車の運行を維持するかどうかは、北海道全体、あるいは青函トンネルを介して繋がっている本州の物流ネットワーク全体に大きな影響を及ぼす国土開発の問題である。それを、既存の整備新幹線の枠組みによって、地域輸送の確保を最優先に考える沿線自治体と議論して結論を出そうとすることにそもそも無理がある。

整備新幹線の並行在来線を貨物専用線として存続させた例は、これまでにない。だが、この区間を廃線にしたらさすがにまずいという認識が国や北海道レベルの関係者間で共有されたらしく、令和4年9月、沿線自治体による存廃協議とは別に、国土交通省、北海道庁、及びJR北海道とJR貨物の4者間でこの区間の存廃協議の機会が設けられることになった。

その結果、令和5年7月になって、この区間を貨物専用線として存続させるべきとの認識で一致したことが明らかになった。具体的な費用負担の問題などを詰める必要はあるが、どうやら、新幹線と引き替えに北の貨物の大動脈を消滅させてしまう事態は回避される見込みとなっている。貨物専用線であっても、とにかく線路が残って繋がっていれば、観光客向けの専用列車が不定期に通過することも可能になる。新幹線が何らかの理由で長期不通となった場合に、有珠山噴火時の山線のように、一時的に在来線としての旅客輸送機能を復活させる余地も残される。

北海道新幹線の開業に伴う函館本線の存廃問題は、碓氷峠区間の廃線を除いて並行在来線は地元出資の第3セクター鉄道へと移管することが半ば慣例化していた整備新幹線の建設が、どんなに長距離の路線でも貨物列車にとって重要でも、場合によっては地域輸送優先の論理だけで在来線の消滅という結論を招く可能性があることを見せつけている。在来線の幹線は本来、沿線の地域輸送以外に広域鉄道ネットワークの一翼を担う特性を有している。にもかかわらず、それぞれ事情が異なる複数の市町村レベルの沿線自治体の意向や財政力、それに貨物輸送に直接タッチしない旅客鉄道会社の経営事情だけを前提に並行在来線の存廃を議論することがそもそも適切なのか、という問題提起は、将来の整備新幹線計画の推進にとって重要な参考例となるのではないだろうか。

3 JR発足以降の新たな赤字路線の廃線

並行道路の整備後に鉄道を廃止するには

国鉄再建法による赤字ローカル線の廃止事業では、採算性に問題のある路線を全て廃止、あるいは第3セクター鉄道へ転換させることはできなかった。特に、並行道路が整備されておらず、既存の鉄道区間とほぼ同じルートをバス輸送で代行することが難しい路線は、旅客輸送密度の数値上が廃止基準を満たしていても、廃線対象から除外された。

「並行道路が未整備である」とは、道路はあるにはあるが、山の中の細道でバスを通すには安全上の問題があるような場合と、そもそも鉄道と並行する道路自体が存在せず、A駅から隣のB駅へ自動車で行くには大幅に迂回して別の地域を経由しなければならないような場合の2パターンに分けられる。日本の道路交通網は戦後、全国の隅々にまで張り巡らされていったが、昭和末期にはまだそういう地域があったのだ。日本で最後まで電気が通っていない地域（未点灯地区）として残っていた岩手県下閉伊郡川井村（現・宮古市）のタイマグラ集落に初めて電気が通ったのは、あと11日で昭和が終わる昭和63年（１９８８）12月27日だったという。代替道路未整備として特定地方交通線の承認申請が取り下げられた岩泉線が走っていた岩泉町や新里村（現・宮古市）は、この川井村と同じ下閉伊郡に属している。

いったん「並行道路が未整備である」と判定された路線は、国鉄再建法に基づく赤字ローカル線の廃止対象から外れてＪＲ各社に引き継がれた。強制的な廃線も認めていた同法は、「後日、並行道路が整備されたら廃止できる」とまでは定めていない。そのため、並行道路が整備されたとしても、それらの路線をＪＲが廃止するためには、沿線自治体の同意を得ること、及びそのための条件整備が事実上不可欠となる。特に、鉄道事業法に基づく廃線に国の許可が必要だった平成12年（2000）以前はなおさらのことだった。

代替道路の完成で廃止された深名線

道路自体は存在するがバス路線には適さない、という理由で特定地方交通線の承認申請が取り下げられたのは、岩泉線と名松線の2件である。これに対し、線路に並行する代替道路自体が存在しない、という理由で廃止の申請すら行われなかった全国唯一の例が、函館本線の深川から宗谷本線の名寄までの121・8キロを結ぶ北海道の深名線であった。

深名線は国鉄時代、毎年発表されていた線区別営業係数で全国ワースト10ランキングの常連だった。昭和56年（1981）度には「日本一の赤字路線」を逆手にとって知名度を上げた同じ北海道の美幸線よりも営業係数が悪化し、全国ワースト1位となっている。朱鞠内湖の北岸付近の沿線では昭和40年代までに集落が消滅してしまい、途中にあった白樺、蕗ノ台の2駅は冬季になると営業を休止して、雪の中に埋もれていた。沿線は道内屈指の豪雪地帯、厳寒地域で、昭和53年2月にはマイナス41・2度という日本の観測史上最低気温を母子里地区で記録している。

同時期に赤字路線のランキングに名前を連ねていた他のローカル線は軒並み廃止されてしまった中で、深名線だけは早々に廃止対象から除外された。母子里や線内の中心駅だった朱鞠内周辺など、幌加内町北部は名寄への通学圏内にあるのだが、当時は母子里地区から名寄方面へ直通する道路が存在せず、深名線が唯一の交通手段だったのだ。

だが、平成4年（1992）に道道688号線の一部として全長1842メートルの名母トンネルが開通すると、名寄と母子里地区の間は、ほぼ深名線のルートに沿って自動車で直行できるようになった。母子里地区から朱鞠内まで、深名線が走っている朱鞠内湖の北岸・西岸廻りの道路には一部に未舗装や幅員の狭い区間があるが、東岸・南岸廻りのルートは整備されていた。人家が1軒もなく雪の季節は〝冬眠〟してしまうような駅しかない北岸・西岸地区に代替バスを走らせなくても、地域輸送に支障はなかった。

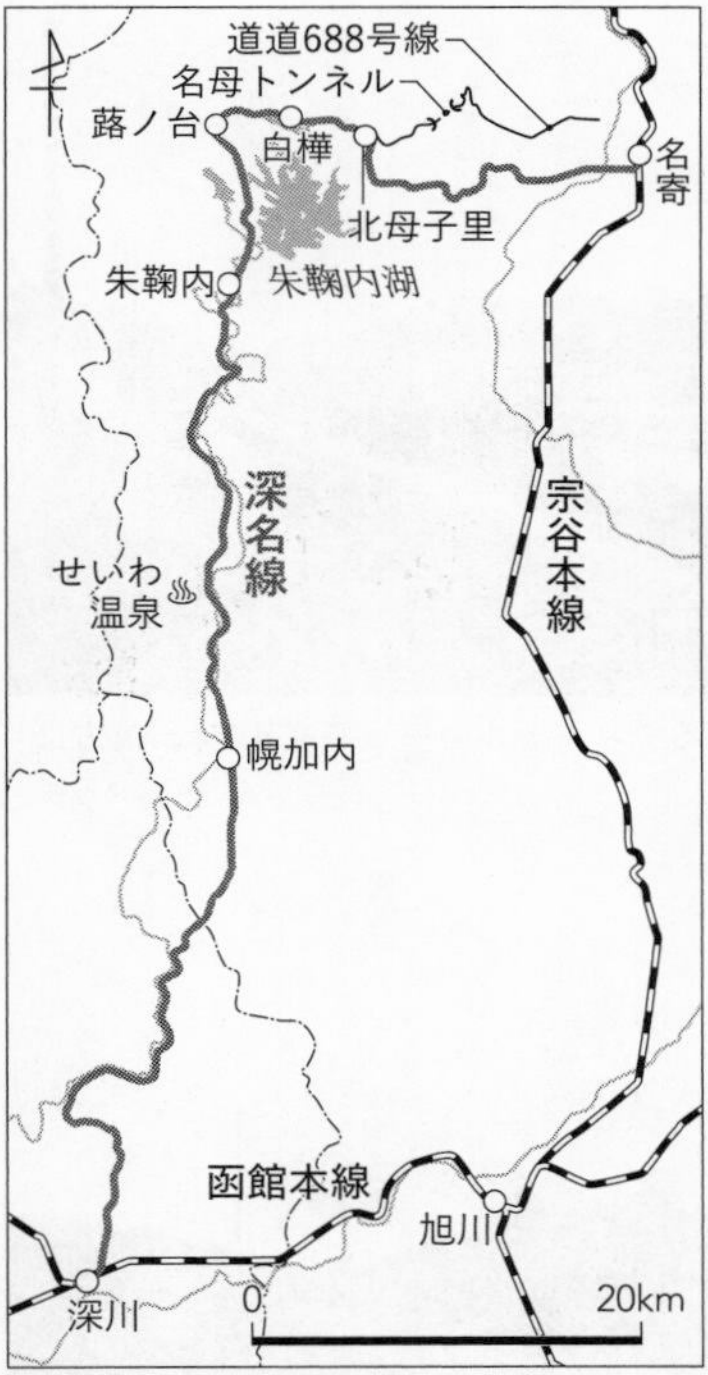

深名線

　JR北海道も、深名線の営業成績を本気で改善する意欲は乏しかったと思われる。私が深名線に初めて乗ったのは、まだ廃線の噂がそれほど大きくなかった平成4年夏のことだったが、当時、他の路線のローカル列車では合理化の一環として実施されていたワンマン運転が行われておらず、1両編成のディーゼルカーに旅客が私1人しか乗っていなくても、車掌が乗務していた。ワンマン列車の運転士が安全確認をするためのミラーを各駅のホームに

朱鞠内駅に停車するディーゼルカー（平成4年）。後方は幌加内方面

上とほぼ同じ位置から撮影（令和4年）。左側に建つ時計台付きの建物は代替バスの待合室

設置したり、車内に運賃収受設備を設けたり、といったワンマン運転実施のための設備投資すらしていなかったのだ。

　国鉄再建法に基づいて路線を廃止した場合は、国から沿線自治体に転換交付金が支給される。バスに転換した場合は、転換後5年間は赤字が補塡される。深名線を廃止した場合、こうした公的補助は一切受けられない。一方で、同法による廃線の場合は国鉄やJR自身が代替バスを運行することは認められなかったが、そのような制約はない。そこでJR北海道は、深名線廃止後の代替バスはJR北海道自身で運行すること、運行本数は鉄道よりも倍増すること、さらに鉄道よりも値上げされるバス運賃との差額を一定期間補償することなどを沿線自治体との間で合意した。自社でそこまで引き受けてでも、鉄道としての深名線を将来にわたって運営したくなかった意思の表れとも言える。

幌加内バスターミナルで出発を待つ深名線の代替バス

　深名線の代替バスがJR北海道自身によって運行される、という条件は、平成7年の廃線から約30年後の現在でも、北海道旅行者に一定の影響を及ぼしている。バスの運行主体は子会社のジェイ・アール北海道バスに変わっているが、

ＪＲ北海道が販売する北海道内のフリーパスなどでは、ＪＲ北海道の鉄道路線だけでなくジェイ・アール北海道の路線バスも乗り放題の対象に含まれることが多い。つまり、深名線の代替バスも鉄道路線と同じように別料金不要で乗れるのだ。実際、今でも観光シーズンになると、フリーパスを持つ観光客が代替バスに乗っていることが多いという。

フリーパスによる乗客は運賃収入自体には繋がらないが、幌加内での乗り換え時には短時間でも街に滞在することになるし、朱鞠内湖やせいわ（政和）温泉などの観光地にも立ち寄りやすくなる。そうした来訪者が現地に金を落としてくれれば地元は潤う。ＪＲ北海道にとっても、行ける地域が多いフリーパスは利便性が高いので、購入者の増加にもいくばくかの影響はあるだろう。それに、代替バスには深川駅または名寄駅から乗ることになるが、両駅へは鉄道でアクセスするのが一般的なので、フリーパスがなくても両駅までの鉄道運賃が見込める。

このようなＪＲとの一体性が強い代替バスは、国鉄再建法による廃線では不可能だったのであり、深名線の代替バスの運行スタイルは全国的に見ても珍しい。幌加内町では廃止された深名線の跡を観光資源として案内しており、まだ当分の間は、現役時代の深名線を懐古する旅行者が、代替バスやＪＲ北海道のフリーパスをうまく活用してこの地を訪れるのではないかと思われる。

ＪＲ北海道が「維持困難線区」を公表

JR北海道は平成28年（2016）11月、自社単独では維持困難とする10路線13線区を公表した（174ページの路線図参照）。鉄道会社が、自社の営業路線の約半分について「このままではもたない」と進んで公表するというのは尋常ではない。その背景には、北海道にはもともと過疎地が多く、しかも寒冷地のため除雪費用をはじめとする施設維持のコストがかかるため、国鉄の分割・民営化直後から潜在的な経営不安が存在していたこと、赤字補塡を見込んでいた経営安定基金の運用益がバブル崩壊後の低金利政策によって想定通りに得られなくなったこと、高速道路や空港の整備が進んで鉄道利用者が減ったこと、などさまざまな事情が複合的に存在する。しかも、国鉄時代から引き継いだ車両や施設は、安全確保のために順次更新が必要となっている。

発表された「単独維持困難線区」の資料では、輸送密度が200人未満で、1列車あたりの平均乗車人員が10名前後と極端に利用者が少ない3線区を路線図上に赤色で表示。すでに地元と今後の存廃について話し合いを始めている2線区は茶色、輸送密度が200人以上2000人未満の8線区は「国鉄時代なら特定地方交通線に指定されて、原則として廃線とされた線区」と形容したうえで黄色で表示した。ここから、「赤線区」「茶線区」「黄線区」という言い回しが生まれた。

JR北海道がこのような赤字路線の収支状況を公表したことがきっかけになったのか、近年は他のJR各社も、相次いで自社路線の収支状況を公表するようになっている。JR東海のみが公表していないのは、「在来線を東海道新幹線へのアクセス鉄道ネットワークと位置づけ、赤字の在来線であっても新幹線への利用増を促すという方針」（133ページ）の下で、路線別の収支状況を直ちに存廃の議論へと結びつけないスタンスを維持しているからであろう。

赤線区の筆頭・1日1往復の札沼線

のっぴきならない経営状況の中で「自社だけでは維持できない路線」を自ら公表したJR北海道は、その後、赤線区と茶線区の計5線区について、赤字を理由とする廃線の議論を本格的に進め始めた。

赤線区で最初に廃線となったのは、札幌を事実上の起点として（線路戸籍上の起点は1駅隣の桑園）76・5キロ北方の新十津川に至る札沼線のうち、北海道医療大学～新十津川間の47・6キロだった（「赤字83線」として廃止された新十津川以北の区間については58ページ以下参照）。同線は札幌近郊の北海道医療大学までの区間が電化され、概ね10～20分おきに列車が頻発して通勤・通学客が大勢利用しているのに対し、それ以北の区間は非電化のままで、運行本数も1日10本未満と激減。特に、浦臼（うらうす）～新十津川間は平成28年（2016）3月のダイヤ改正で1日1往復のみの運行となり、日本一運行列車が少ない区間となった。

1日1往復といっても、通勤・通学客の流れに合わせて朝と夕方に1本ずつ走らせる、というダイヤではなく、下り列車は朝9時過ぎに浦臼を出て、新十津川を10時（平成30年3月のダイヤ改正以前は9時40分）に折り返す。どう考えても通勤・通学客を全く想定していないダイヤで、これで極端に利用者が少ないと評価されても、「このダイヤでは日常的に利用しようがない」と返さざるをえない。また、新十津川側から上り列車を利用する場合は、その日のうちに列車で帰ることができない。地元では、この不便なダイヤを逆手にとって「日本一早い最終列車が出発する終着駅」をPRしていた。

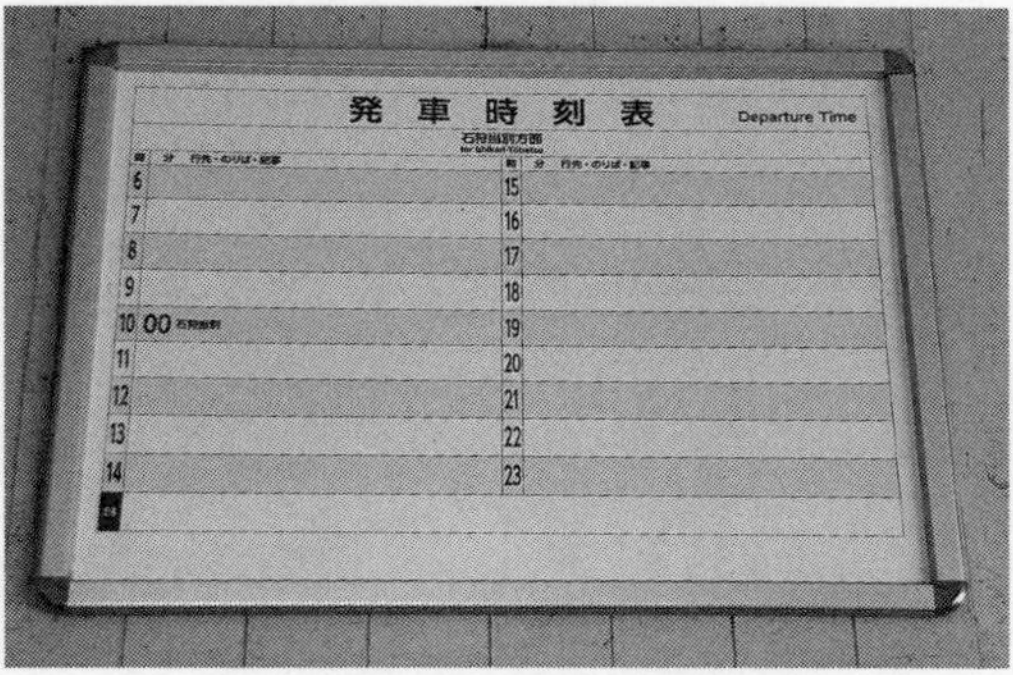

出発列車が1日1本だけの札沼線新十津川駅時刻表（平成31年）

　そんな札沼線の北海道医療大学以北の区間は、平成27年度の1列車あたりの平均乗車人員が道内最小の7人。私は平成6年と平成19年、そして平成31年の3度にわたって新十津川まで乗車したが、後の2回の乗車時には、いずれも鉄道愛好家らしき乗客以外の姿は1人も見かけなかった。

　これでは地元も廃線に強く反対するのは難しく、令和2年（2020）春に北海道医療大学以北は廃線となった。本来ならゴールデンウィークに大勢の惜別客を集める予定だったが、新型コロナウイルスの流行に伴う緊急事態宣言が全国に発出されていたことから、

JR北海道は感染拡大防止のために当初の最終予定日を急遽3週間近く繰り上げ、突然の運行終了措置が採られるという異例の廃線模様であった。

廃線後は、既存の並行バス路線がない石狩当別（現・当別）～石狩月形～浦臼間に新たなバ

豊ヶ岡駅に到着した札沼線ディーゼルカー（平成31年）

上とほぼ同じ位置から撮影（令和４年）。ホームや線路は廃線直後の状態で放置されている

ス路線が開設された。浦臼～新十津川間は当初、既存の北海道中央バスの路線が代替機能を担ったが、令和4年に同社が撤退したため、その後は浦臼町営バスが代替バスを運行している。

被災した赤線区・茶線区は復旧せず廃線に

赤線区は「自社単独では維持困難」とJR北海道自ら主張しているということは、維持するためには社外からの継続的な財政支援が大前提となる。だが、国や北海道は、バスに切り替えたほうが効率的で持続可能と見られる赤線区への支援や補助はしない姿勢を示したため、地元自治体が費用を負担しない、あるいはできないのであれば、廃線以外の結論はないということになる。結局、留萌本線及び根室本線富良野～新得間の両赤線区も廃線、バス転換となることが、令和5年（2023）までに正式に確定している。

茶線区は「すでに地元と話し合いを始めている区間」ということで、廃線に向けた動きはそれだけ早かった。石勝線の夕張支線（新夕張～夕張）16・1キロ（口絵②）は、唯一の沿線自治体である夕張市がJR北海道に対し、代替交通機関の整備に対する支援を引き出すために、自ら進んで廃線の提案を申し入れたという特異なケースで、「攻めの廃線」などと形容された。この提案をした当時の鈴木直道夕張市長は、夕張支線の廃線（平成31年〔2019〕4月）直後に北海道知事に当選している。

もっとも、この夕張の「攻めの廃線」によって代替バスを引き受けた地元の夕鉄バスは、廃

石勝線の支線の終点・夕張駅（平成30年）。〝攻めの廃線〟策によって廃止された

線直後は市内バスの運行本数が増えて利用者も増加したものの、地元住民の中から雇用しているバス運転手の高齢化に伴う人員不足という問題に直面している（拙著『「日本列島改造論」と鉄道――田中角栄が描いた路線網』交通新聞社新書、令和4年）。令和5年10月には利用者の減少と運転手不足を理由に、夕張と札幌方面を結ぶ同社の直通バスが全廃されてしまう事態に至っている。

もう一つの茶線区である日高本線の鵡川〜様似間116・0キロが「すでに地元と話し合いを始めている区間」になったのは、当該発表前の平成27年1月に、海岸線に近い区間の路盤の土砂が高波によって流出したため不通となり、その後も相次ぐ台風で路盤の土砂流出箇所が増えたり橋梁が流失したため、巨額の復旧費用やその後の持続的な列車運行経費の捻出について、すでに地元自治体と協議中だったことを意味している。こちらは不通区間が長距離であるため関係自治体が7町に及び、その分だけ意見調整に時間を要したが、最終的には鉄道路線としての復旧を断念。復旧工事は行われることなく、高波被害から6年あまり後の令和3年4月に廃線となった。

赤線区である根室本線富良野〜新得間のうち東鹿越以東の区間も、平成28年8月の台風被害によって不通になっていた（20ページ地図参照）。この区間には映画『鉄道員』のロケ地となった幾寅駅があり、列車運休による代行バス運行中も観光客の姿が見られたのだが、やはり復旧工事をせずに令和6年3月末をもって東鹿越以北の区間とともに廃止されてしまった。このように、閑散路線が被災した場合にまずJRから地元自治体に費用負担の話が持ち出され、その結果として廃線になるケースが連続すると、「赤字ローカル線は被災したら一巻の終わり」（126ページ）という慣例が固定化してしまうのではないか、という危惧を抱かざるを得ない。

幾寅駅舎の内部は映画『鉄道員』に登場した「幌舞」駅の様子が再現されて、観光客向けに公開されている

〝最低成績〟を公表された芸備線の運命は再構築協議会へ

北海道以外でも、JR九州では、令和2年（2020）7月の豪雨災害で多数の橋梁が流失するなど甚大な被害を受けた肥薩線の八代〜吉松間86・8キロが不通のまま。令和4年8月の豪雨災害によって、JR東日本の

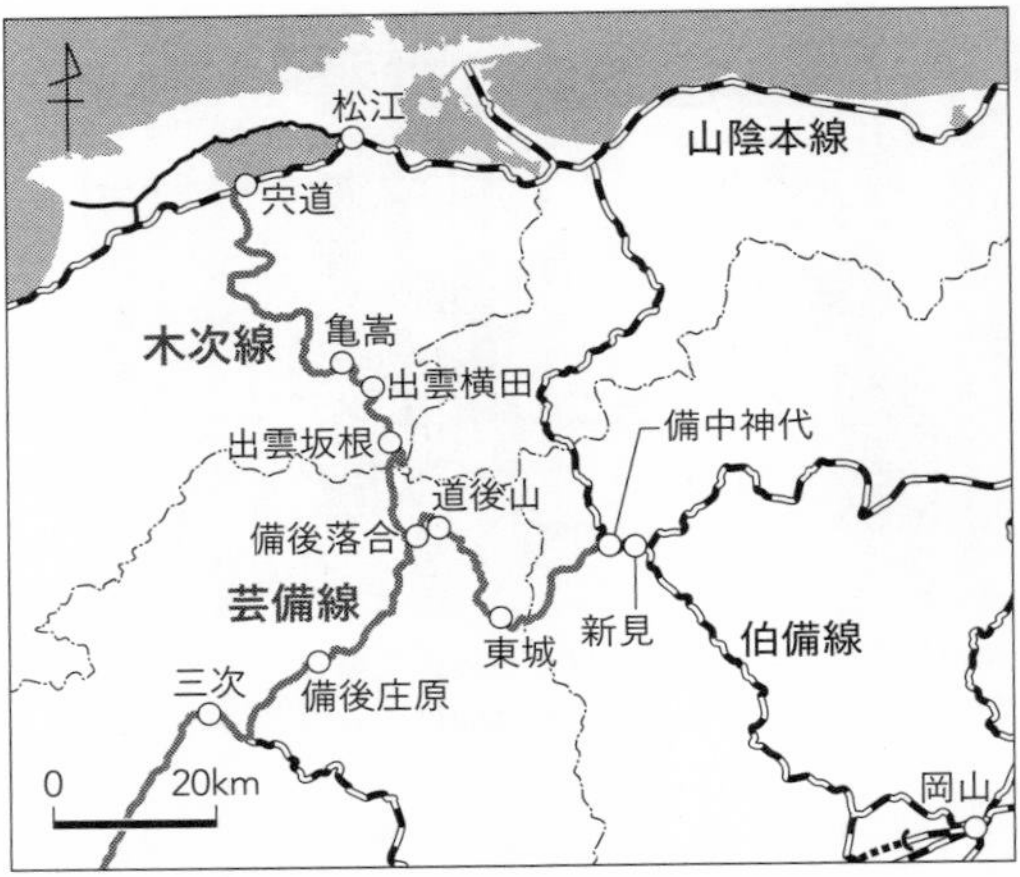

芸備線・木次線

津軽線・蟹田～三厩間28・8キロと米坂線・今泉～坂町間67・7キロが不通となり、今後の復旧費用の負担や存廃に関する議論が提起されたため具体的な運行再開時期が見通せなくなっている。令和5年6月には、ＪＲ西日本の美祢線（厚狭～長門市）46・0キロが大雨で橋梁崩落の被害を受けた。美祢線は平成22年（2010）7月にも豪雨災害で別の橋梁が流失しており、運行再開まで1年2ヵ月を要したことがある。このときは、総額13億円以上の復旧事業費の約半分を、国と山口県が負担している。

そんな中、令和5年3月末に落石事故が発生して運休していたＪＲ西日本の芸備線・東城～備後落合間25・8キロが、同年7月になって約4ヵ月ぶりに運行を再開した。被害や今後の防災対策費が少なく済んだ、という事情もあるかもしれないが、「災害による長期運休→復旧は今後の存廃の議論を踏まえて判断」という近年のＪＲ各社が採りがちな展開にならなかったのは、芸備線の近時の営業成績に照らすと意外な感じもする。

過疎化による閑散路線というと北海道のイメージが強いが、ＪＲ西日本のエリア内にある中国山地の奥深くを走る各路線は、全国規模で見てもとりわけ利用者が少ない。令和４年11月にＪＲ西日本が公表した線区別の経営状況によると、芸備線の東城～備後落合間は、ＪＲが発足した昭和62年（１９８７）度は１キロあたりの平均通過人員が４７６人だったのに対して、令和元～３年度の３ヵ年平均でわずか13人にまで激減している。

芸備線の近時３ヵ年の輸送密度（平均通過人員）は、他にも備後落合～備後庄原間23・9キロが66人、備中神代～東城間18・8キロが80人と軒並み少ない。また、備後落合でその芸備線と接続している木次線も、出雲横田～備後落合間29・6キロの輸送密度は35人にとどまっている。土砂崩れによる長期運休を経て平成26年に廃止されたＪＲ東日本の岩泉線の運休直前の輸送密度が46人で、それが当時の全国のＪＲ線の中でワースト１位だったことと比較すると、路線

備後落合～道後山間の第一小鳥原川橋梁を渡る芸備線ディーゼルカー

別ではなく線区別のため低い数値が出やすいとはいえ、備後落合を中心とする4線区の利用客の少なさがよくわかる。

もっとも、長期運休から復活したとはいえ、今後も鉄道路線として存続するかは依然として不透明なままだ。運行再開から約2ヵ月後の令和5年10月、JR西日本は同年に改正された地域公共交通活性化再生法（200ページ）に基づき、芸備線の備中神代〜備後庄原間の今後の運営について鉄道事業者と関係自治体とが話し合う「再構築協議会」の設置を国土交通大臣に要請した。これまでは、JRが「赤字ローカル線の今後について話し合いたい」と地元自治体に持ちかけても、自治体側が「結論が廃線ありきでは応じられない」と拒否することもできたが、この法律は「正当な理由がある場合を除き……協議に応じなければならない」と定め、国がその話し合いの場を設けられるように法制化したのである。

ただし、存廃どちらかの結論ありきの協議ではない。そのため、只見線（134ページ）のように上下分離方式で存続する可能性もあるし、BRTや代行バスに転換して鉄道としては廃線にする、という結論になることも考えられる。

この再構築協議会の枠組みで赤字路線の存廃が協議されるのは、これが初めてのケースとなる。協議期間は3年以内が目安とされている。芸備線に関する協議は、単なる一地方の赤字ローカル線の存廃のみならず、この協議会を活用しようとする全国の赤字ローカル線の将来にも影響を及ぼす重要な先例となる可能性がある。

第六章　鉄道存廃の議論今むかし

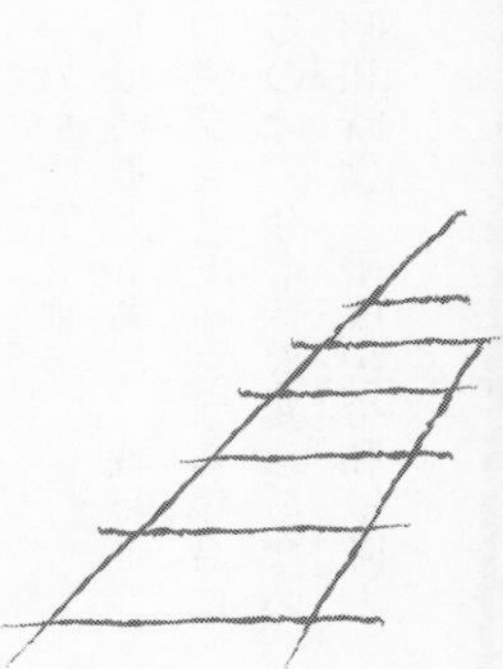

1　今も生きる国鉄時代の廃線指標

廃線の理由は日本社会を投影

巨額の費用と多大な労力をかけていったん敷いた線路を、後で剥がして廃線にすることなど当初は考えていなかったとしても、実際にはさまざまな事情によってそうせざるを得なくなった路線が、鉄道創業以来、日本全国で姿を消していった。

廃線の直接の原因は個々の路線により千差万別だが、時代の流れに沿って多数の廃線例を眺めていくと、廃線に至る背景事情には、類型化できるパターンがいくつかある。本書では第五章まで、現地踏査を踏まえた具体例をもとにそのパターンを俯瞰（ふかん）してみた。

過疎化とマイカーの普及による旅客の減少は、利用者自身が路線の採算性低下を実感しやすく、時代を超えて共通する廃線の普遍的な根拠としてわかりやすい。ただ、昭和30年代以降の中小私鉄の廃線例や昭和40年代の赤字83線以降の廃線例、及びその議論の推移を見ると、中小私鉄の経営悪化は旅客収入の減少よりも、トラック輸送への切り替えや鉱山の産出量の低下、それに国鉄の貨物輸送の縮小によって接続する私鉄の貨物列車が運行できなくなってしまったことなど、貨物収入の減少に大きな影響を受けているケースが少なくない。

長距離の大量輸送を得意とする鉄道は、本質的に旅客よりも貨物の輸送量が収支に大きく影響する。北海道新幹線の建設に伴う並行在来線問題がクローズアップされたことで、貨物輸送の盛衰が路線の存廃に大きな影響を及ぼすことが、久々に問題意識として顕在化した。国鉄末期に鉄道離れを起こした日本の貨物輸送は、それから三十余年を経て、環境負荷の少なさや、長距離トラックのドライバー不足問題に対する解決策として、再び鉄道への注目度が増している。それが広域鉄道ネットワークの存在を前提としていることに鑑みれば、貨物輸送が鉄道路線の存廃に一定の影響力を持つ点もまた、時代を超えて変わっていないと言えよう。

問題意識の根幹は同じでも、実質的な意味が時代によって変化している点もある。戦時中の強制休線や戦災による事実上の強制廃線を例外として、鉄道路線の営業をストップする場合には、その路線を利用する沿線住民の意向に十分配慮すべきとされるのは、今も昔も変わらない。だが、路線の存廃に大きな影響力を持つ「沿線住民」の意味に、昭和時代と平成・令和以降とで若干のずれが生じている。

赤字83線や国鉄再建法による特定地方交通線の時代は、対象路線を身近な存在とする沿線住民で構成されやすい市町村レベルの地方自治体の動きが目立った。だが、近年の赤字ローカル線の存廃の議論において、実質的に大きな影響力を持つ地方自治体は、市町村レベルよりも総じて財政力が強く、対象路線に対する支援や負担の大きな部分を担う都道府県であることが多い。そのような都道府県の判断次第で路線の存廃が左右されるのが、率直な実態でもある。

国鉄の分割・民営化によって、地方の鉄道路線を国全体で支える構造が弱くなれば、その次に支えられる財政力を持つのは都道府県しかない。平成以降にその存在感が大きくなったのは、国鉄の民営化による必然的な帰結である。

ただ、都道府県のような広域行政単位になると、対象路線の存廃が自身の生活圏の中で生じる事象ではない住民の数も多くなる。そうなると、自分に無関係な地域の赤字ローカル線を都道府県の税収入で支えることに異論を持つ住民が一定数いてもおかしくないから、必ずしも地域内の路線を存続させることが優先されることにはならない。只見線は「全線復旧は共同幻想」との批判があっても福島県が恒常的な財政負担を決断したが、それに比べると、北海道は近年のJR北海道の赤字路線の支援には総じてドライなスタンスを貫いている。平成31年（2019）に初当選した鈴木直道知事は、平成28年に夕張市が「攻めの廃線」（191ページ）と称して夕張支線の廃線をJR北海道へ逆提案したときの夕張市長である。公選首長の個性が施策に反映されやすい地方自治の特性の表れと言えるかもしれない。

国鉄改革で用いられた廃線の指標が今でも生きている

鉄道路線の存廃を客観的に判断する際には、その路線ならではのさまざまな事情を個別に、かつ丁寧に汲み取りつつも、利用実態を示す数値を用いた基準がどうしても必要になる。その基準となる数値に、今でも、国鉄再建法で設定された特定地方交通線の選定基準が用いられがちだ。鉄道運営の合理化や近代化はこの40年間で進んでいるはずだが、現在の鉄道運営のあり方に照らしても、当時の設定数値には相当に高い合理性、客観性があるとみなされていることになる。

たとえば、平成28年（2016）にJR北海道が発表した「自社単独では維持困難な線区」（174ページの路線図参照）のうち、輸送密度2000人以上2000人未満の線区（黄線区）について、「国鉄時代であれば、特定地交線に指定され、原則廃止対象とされた線区です」と説明している。「特定地交線」とは特定地方交通線のことであり、より正確には、旅客輸送密度が2000人未満というのは第1次と第2次の特定地方交通線の選定基準の一つである（80ページ表6参照）。数値が同じであるだけでなく、「国鉄時代であれば」という説明文をわざわざ付加している点は興味深い。国鉄時代の指標に高い客観性があるとの前提がなければ、このようなフレーズは入らないはずである。

令和5年（2023）に成立・施行された地域公共交通活性化再生法では、不採算路線を運営する鉄道会社と関係自治体とが協議する場である再構築協議会を国主導で設置できるようになった。この再構築協議会の対象路線について、特に対策が急務なのは旅客輸送密度が1000人未満の路線だが、同4000人未満の路線も対象になり得るとしている。旅客輸送密度4000人未満というのは、第3次特定地方交通線の選定基準と同じである。

数値の指標以外にも、JR各社には発足時に国鉄から引き継いだ路線について、将来の期限を区切ることなく、原則として適切な維持に努めるべきことが求められている。国鉄分割・民営化当初からJR各社は「旅客鉄道株式会社及び日本貨物鉄道株式会社に関する法律」、通称JR会社法によって規律されてきた。本州のJR旅客3社とJR九州の計4社は株式の上場によって同法の適用対象から外れたが、国土交通大臣が定めたJR会社法に基づく指針（大臣指針）は、国鉄改革実施後の輸送需要の動向等を踏まえて、現に営業する路線の適切な維持に努めることをJR各社に求めている。

つまり、JR各社は国鉄改革の際に特定地方交通線を永続的に引き継がなかっただけでなく、多額の国鉄債務を国民負担としたり、国鉄職員を国や地方公共団体が受け入れたりしてその負担を軽減された。その一方で、駅周辺の固定資産などを承継するなど経営基盤の強化が可能な立場に置かれた。こうした経緯を踏まえれば、JR発足当時に引き継いだ赤字ローカル線は、自社内の新幹線や都市部の路線による収益等で内部的に支えるというのがJR発足当初に想定された仕組みであり、株式上場の有無にかかわらずJR各社はこの仕組みによって路線を維持すべき、というのが大臣指針の意味するところである。

この指針が生きている以上、JR各社は、整備新幹線の並行在来線問題のように別次元からの要請によって自社からの経営切り離しが認められない限り、国鉄時代の特定地方交通線として選定されなかったローカル線は、輸送人員や赤字額の多寡のみを基準としてそう簡単に廃線にしてはいけない、ということになる。「民間会社だから個々の路線の収益を気にするのは自然なこと」「乗客が少ない地方の路線の赤字を別の地域の黒字路線の収益で補塡するのはいかがなものか」といった主張が、近年のJRの赤字ローカル線問題で必ずしも地元自治体の理解を得られないのには、こうした事情にもよる。

3度目の〝赤字路線の国策廃線〟となるか

とはいえ、改正された地域公共交通活性化再生法は、明らかにJR会社法に基づく大臣指針とはベクトルの方向が逆である。「存廃の結論ありきではない」とはいえ、再構築協議会が開催されれば、鉄道会社側は廃線によって赤字路線を手放したいと考えるのが普通だろう。目安とされる3年以内に地元自治体との協議が調わなかった場合に、「説明責任は果たし尽くした」として廃線が選択される可能性はゼロではない。そして、現在の鉄道事業法では、鉄道会社が廃線を届け出れば、国の許可は必要なくその路線は消滅する。こうして、赤字83線、特定地方交通線の選定に続く、事実上3度目の〝赤字路線の国策による大量廃線〟として歴史に記録される可能性は否定できない。

鉄道を廃棄するという作業は、陸上のインフラを限定的にしか持たないバス路線や航空路線、船舶の航路の撤退に比べて、はるかに大きな社会的影響をもたらす。そして、いったん廃線になって線路を剝がせば、後で事情の変化があっても、再び同じ区間に線路を敷いて列車を走らせることはほぼ不可能である（平成15年〔2003〕に廃止されたJR西日本・可部線の一部区間が平成29年に復活開業したのは、極めて稀なケースと言える）。その意味では、どのような経緯で建設されたにせよ、既存の鉄道路線を廃止して物理的に消滅させることは、できれば避けるのが望ましい。そのためにも、過去の廃線パターンを類型化して認識する作業は、将来の廃線を避けるための予見策として、一定の意味はあるように思う。

2　鉄道再国有化を選択したイギリス

社会認識が「ローカル線はなくならない」から変わった

国鉄再建法に基づく赤字ローカル線の強制的な廃止策は、赤字83線の時期から続いてきた国鉄改革の一環として行われたが、昭和62年（1987）に実施された国鉄の分割・民営化と論理必然の関係にはない。国鉄再建法が成立した昭和55年の時点では、国鉄の民営化はまだ正式に打ち出された国策ではなかった。

とはいえ、国有鉄道が民営化されれば、赤字ローカル線の廃止がますます加速するのではないか、との見方が出てくるのは当然である。そこで当時の与党・自由民主党はJR発足まで残り1年を切った昭和61年5月22日付の全国紙やブロック紙、各都道府県の主要地方紙など新聞各紙に、「国鉄が……あなたの鉄道になります」という意見広告をいっせいに出稿した。そこには、以下のようなフレーズが並んでいる。

「民営分割　ご期待ください。
○全国画一からローカル優先のサービスに徹します。
○明るく、親切な窓口に変身します。
○楽しい旅行を次々と企画します。

民営分割　ご安心ください。
○会社間をまたがっても乗りかえもなく、不便になりません。運賃も高くなりません。
○ブルートレインなど長距離列車もなくなりません。
○ローカル線（特定地方交通線以外）もなくなりません。」

この広告が出された11日後に衆議院が解散され（いわゆる〝死んだふり解散〟）、その直後に行われた衆参同日選挙で自民党は圧勝。この選挙の主要な争点だった国鉄の分割・民営化は国民の圧倒的な支持を得た形となったが、その支持は「ローカル線（特定地方交通線以外）もなくなりません」と選挙前に政権与党が掲げた公約が前提だったと解することもできる。

もとより、社会情勢や国民の価値観は、30年もすれば想定外の変化をしてもおかしくない。JR東海を除くJR各社が近年になって赤字路線の収支状況を公表し、中には路線の将来について地元と議論したいとの意向を表明している背景には、「公共交通機関であっても採算を度外視するわけにはいかない。結果として廃止するローカル線が出てもやむを得ない」という考え方が、JR発足時に比べて日本社会の中である程度理解を得られるようになってきた、と各社が判断していることの表れであろう。

イギリスは民営化した鉄道を再国有化へ

民営化されたJR、特に上場を果たした旅客4社の企業としての役割が、公共交通機関としての役割と両立しなくなるというのであれば、「公共交通機関としての役割」という後者を諦めるのではなく、前者である「民営化」自体を再考するという発想が出てもおかしくない。

現に、日本航空はもともと日本政府の出資によって設立された特殊法人だったが、昭和62年（1987）に完全民営化されていた。それが、平成22年（2010）に2兆円以上の負債を抱えて会社更生法の適用を申請した際には政府が全株式を取得し、業績が回復するまで一時的に

ワトフォード・ジャンクション駅に停車するヴァージン・トレインズ社の高速電車「ペンドリーノ」（2016年）。同社は2019年に列車運行を終了した

事実上国有化された。交通機関以外にも、経営破綻したりそな銀行に公的資金が注入されて実質国有化された例がある。

いったん民営化された国有鉄道を、後年に再度国有化しようとしているのはイギリスである。イギリスの国鉄は１９９４年から１９９７年にかけて、日本のＪＲのように複数の会社に分割・民営化された。

ただし、イギリスでは上下分離方式が採用され、線路や信号、駅などのインフラを保有する会社と、列車の運行を担う会社が別々になった。全土の鉄道インフラを一元管理する会社が設立されるとともに、列車運行を希望する会社はイギリス運輸省が路線ごと、あるいは地域ごとに設定する運営権（フランチャイズ）を入札によって獲得し、列車を走らせるという仕組みである。運営権を落札した列車運行会社との間で成立している契約はイギリス全体で10件以上あり、民営化以降、旅客・貨物輸送はイギリス全体で増加し続けた。

ところが、インフラの管理を担う会社は、過度の業務委託や安全設備への投資不足、線路の管理不備を原因とする大規模な列車脱線事故の発生などによって、２００２年に事実上経営破綻。その後、鉄道インフラの管理は、新たに設立された公共事業体が引き継いでいる。

さらに、運営権を獲得した列車運行会社が、あらかじめ設定したダイヤ通りに列車を運行できず、運休や遅延を頻発する事態も起こった。その結果、列車の運営権が剥奪されたり運営を担う会社の側から運営権を返上したりして、その後は運輸省によって列車が運行されているケースまである。

ロンドン・ユーストン駅の列車出発案内表示（2016年）。各列車の案内の下から２段目に運行会社が表示されており、左からロンドン・オーヴァーグラウンド社、ヴァージン・トレインズ社と別々の運行会社の名が並んでいる

こうした状況を抜本的に解決する方策として、鉄道インフラの管理から運賃やダイヤの設定までを担う公的機関「グレート・ブリティッシュ鉄道」による鉄道運営への組織改編方針が打ち出されている。これは、一度は民営化されたイギリスの鉄道を実質的に再国有化するプランと評価されている。

国が鉄道運営に関与する時代が再来するか

日本でも、経営悪化が顕在化しているJR北海道については、少なくとも線路や駅などのインフラは国が保有・管理して事実上の国営に戻したり、国が大規模な財政支援をして路線の維

三浦綾子（みうらあやこ）の小説『塩狩峠（しおかりとうげ）』の舞台となった宗谷本線・塩狩駅

石北本線を走破する特急「オホーツク」（網走）

持を図るべき、という意見がこれまでにも各方面から提起されていた。政府与党内の議論でも、将来の再国有化や持ち株会社化といった意見が一つの案として実際に出されている。

特に、ロシアとの国境に近い宗谷本線（旭川～稚内）、石北本線（新旭川～網走）、石勝線・

「日本最東端の駅」根室本線・東根室駅

オホーツク海に沿って走る釧網本線（藻琴～北浜）

根室本線（南千歳〜新得〜根室）、釧網本線（東釧路〜網走）の約1200キロの路線を「北方4線」（174ページの路線図参照）として包括的に捉え、これらは「国家として失ってはならない線区」であり、「仮にお客さまが乗らなくなったとしても、国策上から絶対に廃線にしてはならない」（石井幸孝『国鉄――「日本最大の企業」の栄光と崩壊』中公新書、令和4年〔2022〕）との指摘は、もはやJR北海道という一企業や北海道という一地方自治体のみの判断で対応すべきレベルの話ではない。2022年にロシアがウクライナ侵略を開始してからは、ロシアとの国境に近いこれらの既存路線を国防上どのように位置づけるか、という問題意識にも繋がりやすくなっている。

　イギリス鉄道の再国有化プランをここで仔細に分析することは、本書の目的ではない。ただ、「国有鉄道をひとたび民営化しても、その後の運営状況等の変化に応じて再度国有化する先例がヨーロッパにある」という事実は、民営化した鉄道会社が経営危機に陥り、既存路線の維持が難しくなった場合に、国が積極的に経営に関与し、公的支援によって路線を存続させるのが現実の選択肢の一つであることを示している。

　三十余年前の「民営化してもローカル線はなくなりません」との政府与党の見解は、もはや成立していないことが明らかである。昭和末期の国鉄の民営化が公共交通機関としての鉄道を健全に運営させるための手段だったのであれば、経営状態が万全でなくなった一部のJRがローカル線を自力で維持できない以上、個々の赤字路線を保全するのではなく、当該鉄道会社ごと国が積極的に経営に関与して既存の路線を存続させようとする時代が再来しても不思議ではない。ただ、イギリスのようにいったん民営化した鉄道会社を本当に再度国有化するかどうかは、鉄道という社会資本をどう捉えるか、国土の均等な開発をどこまで目指すか、などについて、令和以降の日本国民の間で形成される共通認識いかんにかかっていると言えよう。

3　地域輸送のみを目的としない旅客鉄道

いち早く観光鉄道へ転身した大井川鐵道

旅客鉄道という交通機関は、大都市圏を結ぶ新幹線や一部の大都市圏の通勤路線を除いて、路線単体の黒字を計上しにくい構造になっている。1日に多数の列車を走らせることができない地方ローカル線で、短距離を移動する地域住民の乗客を増やしても運賃収入の増加には限界がある。JRの場合は運賃設定も路線ごとに決められない。私鉄や第3セクターは独自の運賃設定も可能だが、単価が高すぎては住民の利用が少なくなってしまう。

そういう交通機関が存続するには、列車運行以外の関連事業で収益を得るか、または沿線以外の地域から旅客を幅広く集めるしかない。前者の手法で鉄道事業を成り立たせている代表的な例が都市部の私鉄で、沿線の宅地開発や主要駅の商業施設の運営を手がけて路線の乗客を増やした阪急電鉄はその好例とされる。

後者の路線の先駆的な存在と言えば、静岡県の大井川鐵道であろう。もともとは大井川上流の電源開発や木材輸送の目的で昭和初期に開業した産業鉄道だったが、電源開発事業が一段落し、森林資源の減少による貨物輸送の落ち込みから、鉄道の生き残りを賭けて観光鉄道への転

「きかんしゃトーマス」仕様で走る大井川鐵道のSL列車（抜里～川根温泉笹間渡）

大井川鐵道井川線の尾盛駅に停車。駅周辺に民家はなく駅に通じる道路もない、日本屈指の秘境駅として知られる

身を図った。国鉄の営業路線から蒸気機関車が姿を消してからわずか4ヵ月後の昭和51年（1976）7月、全国の鉄道で最初に蒸気機関車の動態保存運行を開始。これが功を奏し、今や年間300日以上も運行される新金谷（しんかなや）〜千頭（せんず）間の蒸気機関車による観光列車が最大の収入源となっている。近年はきかんしゃトーマスに扮（ふん）した機関車が投入され、親子連れの誘致にも成功している。

千頭から先の井川（いかわ）線（千頭〜井川）は、沿線人口が極めて少ない山奥を走る秘境の森林鉄道として、こちらも観光客の人気が高い。というより、利用客の大半は観光客である。周辺に人家が全くない途中駅も少なくない。大井川鐵道が観光鉄道に転身していなければ、とっくに廃線になっていたに違いない。

「列車に乗らない観光客」も歓迎する発想

観光鉄道に転身した昭和の先駆者が大井川鐵道なら、平成以降の好例としては、房総（ぼうそう）半島を走る第3セクターのいすみ鉄道（大原（おおはら）〜上総中野（かずさなかの））が挙げられる。

昭和63年（1988）に特定地方交通線だったJR木原（きはら）線から転換して発足したいすみ鉄道は、沿線に著名な観光資源があるわけではなく、国鉄時代から地味な路線だった。地元客中心の利用者数は開業以来徐々に落ち込み、平成19年（2007）には「今後2年間で収支が改善しなければ廃線も検討する」方針が打ち出された。

ところが、この方針の下で公募によって着任した社長は、鉄道愛好家向けに国鉄製の旧型ディーゼルカーをわざわざ引き取って走らせたり、車内で豪華なコースの食事が楽しめるレストラン列車を全国に先駆けて運行したりと、独特な観光振興策を次々に展開。首都圏に近い地の

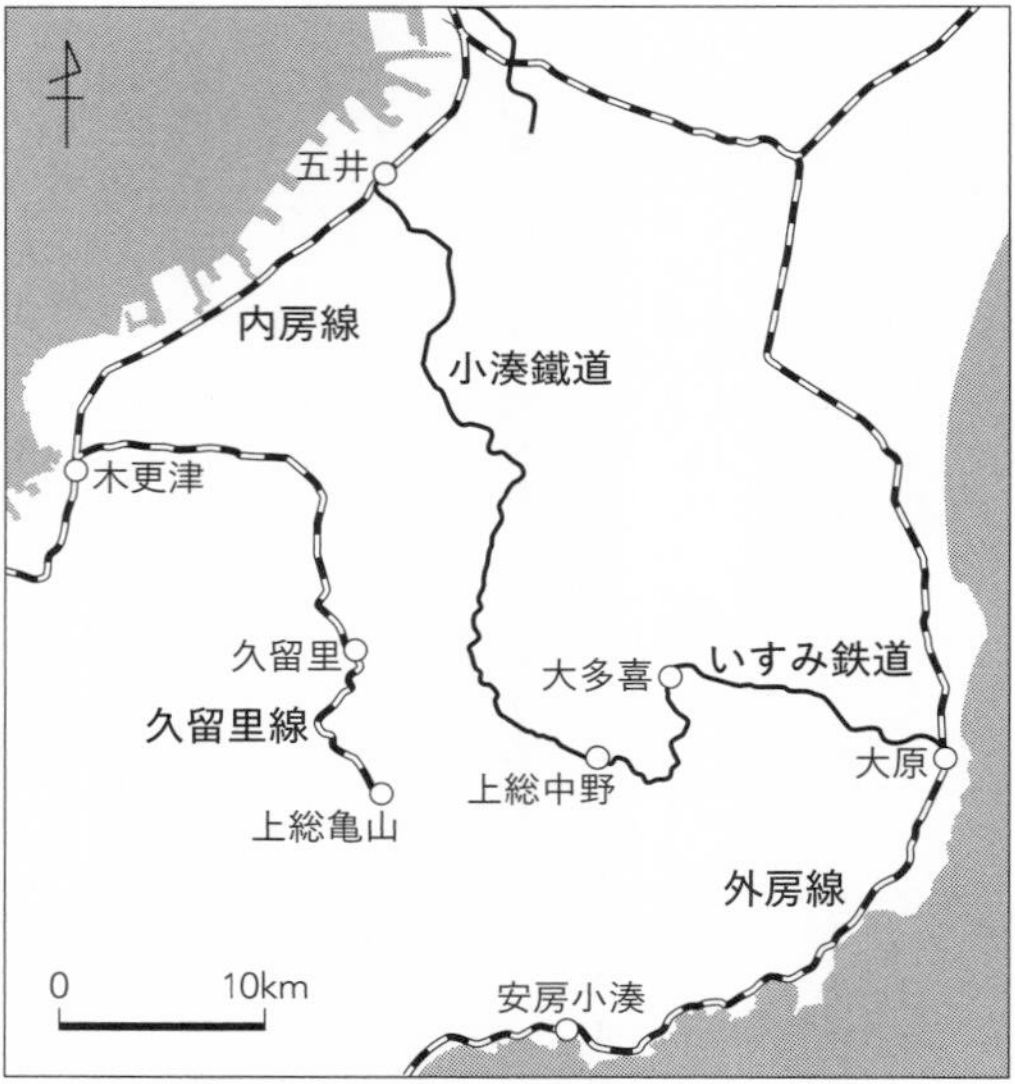

いすみ鉄道

第四夷隅（いすみ）川橋梁を渡るいすみ鉄道のディーゼルカー。後方に見えるのは大多喜城

利も手伝って、県外からの観光客を多く呼び寄せることに成功した。

いすみ鉄道による観光客誘致策が注目を集めたのは、自社の運賃収入を増やすことだけにこだわらなかった点にある。たとえば、国鉄製の旧型車両を運行させた場合、「乗り鉄」と呼ばれる乗車志向の愛好家は運賃収入をもたらすが、「撮り鉄」と称される鉄道カメラマンは沿線でカメラを構えて走行写真を撮るだけで実際の列車には乗らず、したがって運賃収入には直接結びつかないことが少なくない。だが、いすみ鉄道は、自社の鉄道車両が目的の観光客が地元に来て金を落として地域経済が潤えばそれでよい、と割り切って考えたのだ。純粋な私鉄ではなく、千葉県や沿線市町などが主要株主となっている第3セクター鉄道ならではの発想とも言えよう。

観光目的に特化した「特定目的鉄道事業」

大井川鐵道もいすみ鉄道も、沿線住民のための公共交通機関としての役割を担いながら、観光客の集客に力を入れている。それが鉄道路線の存続のみならず、沿線地域の活性化にも繋がっているのだが、鉄道事業法ではそれをさらに一歩進めて、もっぱら観光目的で運営される鉄道路線を想定した「特定目的鉄道事業」という区分での鉄道事業が認められている。

これは、鉄道事業への新規参入や廃線に関する規制が緩和された平成12年（2000）の鉄道事業法改正時に新設された鉄道事業形態で、具体的には、「景観の鑑賞、遊戯施設への移動その他観光の目的を有する旅客の運送を専ら行う」鉄道路線を新規に開業する場合は、従来から同法で求められている第1種ないし第3種の鉄道事業者としての許可申請に必要な書類の一部が省略でき、許可するかどうかの審査基準が緩和されるなどの措置が採られる。鉄道事業の

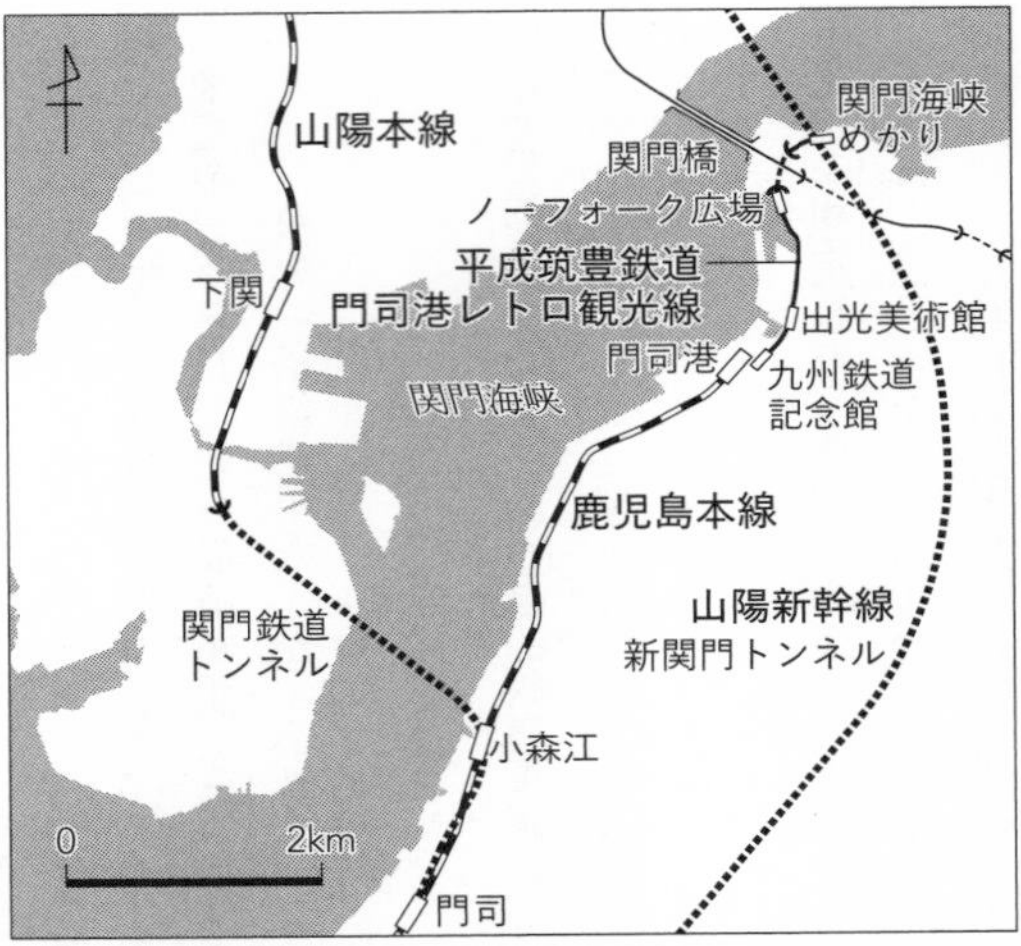

平成筑豊鉄道門司港レトロ観光線

JR貨物と臨港鉄道の廃線跡の転用によって生まれた門司港レトロ観光線（九州鉄道記念館）

規制緩和に合わせて、地域住民の生活手段ではなく観光客輸送に専念する鉄道事業については、新規参入のハードルをさらに下げたのである。

この改正法令を活用して運行されているのは、令和6年（2024）現在、北九州市の九州鉄道記念館〜関門海峡めかり間2・1キロを結ぶ平成筑豊鉄道門司港レトロ観光線だけである。全くの新規建設路線ではなく、JR貨物と北九州市所属の臨港鉄道の廃線跡を転用して平成21年に開業。貨車改造のトロッコ車両を機関車が牽引して、最高時速15キロという遅さで観光客輸送に徹している。

似たような観光鉄道としては、京都の保津峡付近を走る嵯峨野観光鉄道（トロッコ嵯峨〜トロッコ亀岡）が名高い。平成元年、JR山陰本線の嵯峨〜馬堀間が複線化された際に廃棄された明治以来の渓谷沿いのルートを観光専用鉄道として再生した路線で、旧線ルートを保有するJR西日本自身が設立した完全子会社によって運行されている。

同鉄道が開業した平成3年当時には、平成12年の鉄道事業法改正で新設された「特定目的鉄道事業」という概念がまだなかったため、通常の鉄道事業としての開業手続きを踏んでいる。とはいえ、冬季は長期運休したり、観光シーズンでも水曜日は車両メンテナンス等のため列車を運行しないなど、沿線住民の日常的な交通手段としての利用は想定されていない（JR山陰本線が並走しているので当然ではある）。

両路線は、いずれも新規に建設されたのではなく、廃線跡を活用したという点で共通する。

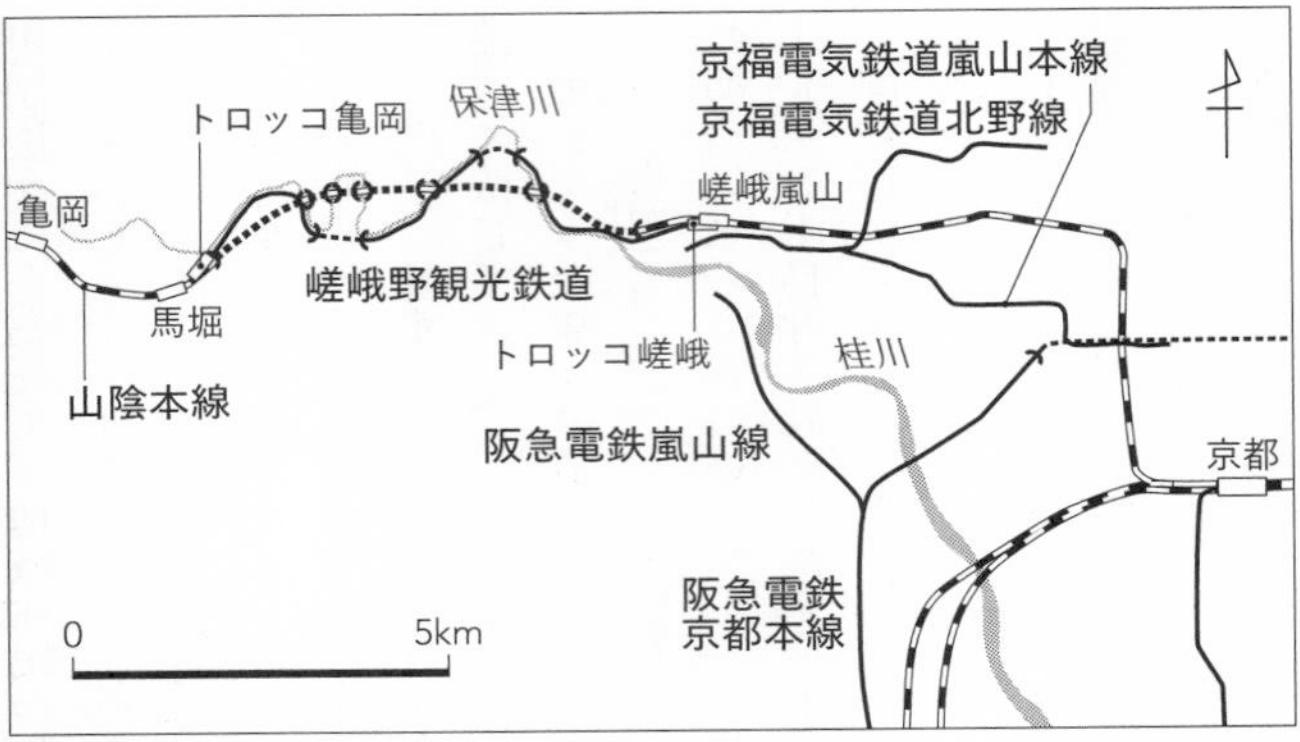

嵯峨野観光鉄道

JR山陰本線の旧線区間を活用した嵯峨野観光鉄道のトロッコ車両（トロッコ亀岡）

また、地域輸送や産業輸送という路線建設当初の使命が縮小・消滅しても、線路がある限り、観光目的に特化した列車を走らせることで地域活性化に貢献しているという意味では、大井川鐵道やいすみ鉄道の取り組みとも相通じるところがある。

門司港レトロ観光線や嵯峨野観光鉄道以外にも、廃止された鉄道の線路に本格的なトロッコ車両を走らせ、観光客の人気を集めているところがある。長野新幹線（北陸新幹線）の開業に伴い廃止された信越本線の横川～軽井沢間では、日本一の急勾配とされた同区間の旧下り線の一部区間に、「シェルパくん」と名付けられたディーゼル機関車牽引のトロッコ列車が走っている。

碓氷峠の信越本線跡を走るトロッコ列車「シェルパくん」。線路のそばに「66.7パーミル」の急勾配を示す勾配標が見える

ただ、このトロッコ列車はあくまでも、碓氷峠鉄道文化むらというテーマパーク内の2・6キロを走る遊具として扱われている。廃線直前まで特急列車が往来していた幹線区間の線路をそのまま転用しているだけあって、見た目には一般の営業路線と遜色ないほどに本格的なのだが、法的には、東京ディズニーランドのアトラクションであるウエスタンリバー鉄道と同じ扱いとなる。仮に、「シェルパくん」の運行区間をもっと延伸させて、国の重要文化財に指定されているレンガ造りの旧橋梁「めがね橋」や、その先の熊ノ平駅

跡まで走らせるのであれば、「園内の遊具」扱いのままでは難しいだろう。

海外の〝特定目的鉄道〟は運行距離が長い

門司港レトロ観光線や嵯峨野観光鉄道、あるいは碓氷峠の「シェルパくん」にしても、路線の延長距離は10キロに満たない。ゆっくり走りながら車窓を楽しむ観光列車が、乗車時間が長すぎない程度の距離を走るとなると、このくらいが適当なのかもしれない。

日本国外に目を転じてみると、もちろん日本の鉄道事業法は及ばず、したがって特定目的鉄道という概念もないが、一度は不要とされた廃線区間を活用した保存鉄道が観光客を集めて運行されている例は世界に数多い。特に、廃止された旅客鉄道上の2つ以上の地点間を結び、「遊具施設の園内遊具」扱いではなく観光客輸送を事業目的として運行される保存鉄道は、今のところ日本ではまだ見られないが、海外ではさして珍しい運行形態ではない。

その中でも日本人になじみ深い路線の一つとして、イギリスのミッドハンツ鉄道ウォータークレス線が挙げられる。路線名を聞いてもピンとこないかもしれないが、「きかんしゃトーマスが走っている路線」と聞けば、その存在を知る日本人は少なくないだろう。

ミッドハンツ鉄道はロンドンから快速列車で約1時間、アルトンという郊外駅に発着する保存鉄道で、かつてはイギリス国鉄の路線の一つだった。1973年に廃線となった後、観光用の保存鉄道として1977年に復活。イギリスを舞台とするきかんしゃトーマスの物語に登場するキャラクター蒸気機関車が期間限定で走るイベントは、春と秋の恒例行事となっている。

大井川鐵道にトーマス仕様の蒸気機関車が走るようになったのは、作品に登場する日本製の蒸気機関車に会うために、トーマスがイギリスからやってきた……というストーリー設定に基づ

イギリス・ミッドハンツ鉄道ウォータークレス線

イギリス・ミッドハンツ鉄道の「きかんしゃトーマス」。機関車だけでなく路線全体が保存鉄道となっている

いている。

イギリスには、このような廃線区間を活用した保存鉄道が全土に多数存在する。ミッドハンツ鉄道は全長16キロだが、中には30キロ以上の距離を走る路線もある。

ヨーロッパ以外では、ブラジルやパラグアイなど南米各国に、比較的多くの保存鉄道を確認することができる。いずれも、沿線住民向けの日常的な旅客列車や貨物列車は運行せず、週末や祝日など特定の日に観光客を乗せて走る、100パーセント観光客向けの鉄道となっている。

南米各国では、一般の旅客鉄道網が衰退してしまい、機能していないことが多い。そのため、保存鉄道の運行区間が他の路線から独立した存在になっている点が、イギリスの保存鉄道の傾向と異なっている。ただ、廃線となったもとの路線の延長距離が長いので、その廃線跡を活用している運行区間は20キロを超えることもある。

廃線区間を特定目的鉄道として残すプラン

海外では観光目的の保存鉄道が長距離区間でも列車を運行しているのであれば、日本でも、5キロ前後のミニ路線だけでなく、もっと長い距離の廃線区間を特定目的鉄道として再生したり、廃線予定の区間を特定目的鉄道へと転用して存続させることができるのではないか、という発想が可能になる。特に後者の場合、昭和末期の特定地方交通線の廃止反対運動でほとんど実効的な成果を挙げられなかった「乗って残そう○○線」的な対策よりも、特定目的鉄道への転換を図る手法のほうが、まだ現実的な可能性があるように思われる。

　地方鉄道の新たな運営形態として特定目的鉄道の制度を活用する案は、平成20年（2008）の時点ですでに専門家からの提案が見られる（渡邉亮「イギリスの保存鉄道の特徴と事例紹介」『運輸と経済』2008年9月号）。同論考は、イギリスでは観光目的の保存鉄道が一定の範囲で地域輸送にも貢献している例があることを踏まえて、将来における一つの可能性として「今後は特定目的鉄道を観光目的のみならず、地方鉄道の新たな運営形態の一つとして活用し、主に観光輸送を行う鉄道として再生させつつ、地域の足としての役割も果たしていくことは考えられないだろうか」と問題提起している。

　その最も先駆的かつ挑戦的な発想の一つが、北海道新幹線の並行在来線として廃線の方向性が固まっている函館本線の山線（173ページ）を、この特定目的鉄道に転換して存続させようとするプランである（杉山淳一「函館本線『山線』並行在来線として2例目の廃止、鉄道を残す方法は？」『IT Media ビジネスオンライン』2022年2月4日付）。確かに、30キロどころか全長140・2キロにも及ぶ長大路線を特定目的鉄道にした前例などないし、ほとんど人が住んでいない山岳路線の管理の困難さは、門司港レトロ観光線や嵯峨野観光鉄道の比ではないことは容易に想像できる。

　ただ、平成12年の有珠山噴火時に山線が果たした幹線代替機能を、災害発生時の代替ルート確保、あるいは国防上の非常時に備えて今後も残しておくことが国として必要ならば、平時の

観光客向けの客車を連ねた黒部峡谷鉄道の旅客列車（出平）

名目として特定目的鉄道の制度を活用し、線路を残す試みがあっても不思議ではない。すでに沿線自治体は廃線に同意しているので、地域輸送用のローカル列車を毎日走らせる必要はない。沿線のニセコ町などと連携しつつ、高額な料金を要する豪華クルーズ列車や観光客向けの専用列車を夏季に多く走らせれば、国内外からの旅行者が注目する北海道観光の新たな名物になる。

逆に、豪雪に覆われる冬季は無理に除雪して列車を走らせるのではなく、門司港レトロ観光線や嵯峨野観光鉄道と同じように長期運休してしまえばよい。富山県の山中を走る黒部峡谷鉄道（宇奈月～欅平）などは、雪崩の被害を避けるため、冬季運休時には鉄橋や線路標識の一部を撤去してトンネルの中に保管しておくことまでしている。

JR北海道も北海道庁もこの区間を残すメリットがないと判断しているのに、国策上の観点から線路を残しておこうとするのであれば、こうした施策は「北方4線」と同様に国レベルで取り組むしかないだろう。また、こうでもしないと、北海道の鉄道は現下の経営悪化を理由に、観光資源としての潜在的な魅力を持つ路線や駅がどんどん切り捨てられてしまうように思えてならない。北海道で近年相次ぐ路線や駅の廃止措置が、まるでタコが当面生き延びるために自分の足を食べているように見えてしまうのは私だけであろうか。

特定目的鉄道は豪雪地帯の路線にも応用可能

黒部峡谷鉄道を代表例とする積雪期の長期運休策は、本来は雪に強いと言われる鉄道の特性を活かしきれていないことになる。それに、一般の旅客営業路線であれば、地域住民の公共交通機関としての役割を果たすため、季節を問わず運行するのが原則でもある。

ただ、既存の一般営業路線のうち、除雪の費用や手間に見合わないほど日常利用が減少している区間であるならば、思い切ってその区間を特定目的鉄道に切り替えて、冬季運休を正当化したほうがよいのではないかと思われるケースもある。

JR西日本の木次線（宍道～備後落合）は、特に奥出雲の山間部を走る出雲横田～備後落合間29・6キロの途中に、急勾配を克服するために設けられている3段式スイッチバックがあり、古くからの鉄道名所として知られている。夏季はその区間を乗車体験できる観光客向けのトロッコ列車が人気を集めてきた。だが、同区間の令和3年（2021）度の1日1キロあたり平均通過人員は35人にとどまり、備後落合で接続する芸備線の東城～備後落合間の13人（195ページ）に次いでJR西日本でワースト2位となっている。令和5年時点で同区間を走る定期

3段式スイッチバックで名高い木次線・出雲坂根（いずもさかね）駅

列車は1日3往復しかなく、しかも地元の通学生が利用しやすい朝夕の時間帯に運行されていないので、利用実績が極端に悪いのも納得しやすい。

この区間は中国山地でも有数の豪雪地帯で、国鉄時代には広島方面からスキーヤーのための臨時列車が直通していた実績もある。ところが、近年は12月から翌年3月までの概ね2〜3ヵ月もの間、大雪のため運休してしまい、地元のタクシー会社が毎日代行輸送を引き受けている。ほぼ毎年の恒例行事（?）と化しているが、あくまでも天候不順によるやむを得ない一時的な運休扱いなので、市販の時刻表にはこの長期運休の情報は一切掲載されない。そんな事情を知らずに、冬休みに木次線の雪景色を目当てに現地を訪れたら、雪がとける数ヵ月先まで列車が動かないので、代行バスやタクシーに乗せられるはめになってしまうのだ。

路線上に貴重な鉄道名所があり、積雪期を除けばそれ自体が観光資源として活用の余地があるのであれば、このような区間はＪＲ西日本自ら特定目的鉄道に切り替え、冬季は正々堂々と運休してしまってはどうか、というのが私見である。観光専用路線として線路を残せば、新たな活路を見出しやすい。嵯峨野観光鉄道のように完全子会社の別路線とすれば、旅客の利用実績としてカウントされにくい（とされる）青春18きっぷやフリーパス類での利用者からも運賃収入を得やすくなる。平均通過人員の数値が劇的に改善される見込みがないまま同じようなダイヤで運行を続けて、地域公共交通活性化再生法に基づく再構築協議会の開催を求められる事態に至るのをただ待つのは、松本清張の長編小説『砂の器』の舞台にもなった木次線の場合、ちょっともったいない気がする。

今後の鉄道存廃の議論で重視されることとは

国鉄が民営化されて利益追求を旨とする株式会社となり、マイカーの普及により「鉄道は国民の日常生活を支える不可欠の公共交通機関である」との社会の共通認識が稀薄になり、鉄道の存廃に関する法制上の規制が緩和された今でも、地方の赤字ローカル線を廃止するかどうかという議論になると、意見は容易にはまとまらない。個々の意見には、鉄道という交通手段に対する個人の価値観や感情がどうしても入り込む。日頃から自家用車での移動が当たり前になっている生活者が、自分も家族も利用しない赤字ローカル線を公的資金で支えることを理解しにくいのは自然なことであろう。

だが、人々の価値観や社会情勢は、歳月の流れとともに少しずつ変化する。かつて、モータリゼーションの進行によって鉄道による旅客・貨物の輸送は自動車へと切り替えが進んだが、その頃は環境問題や高齢化によるバスやトラックのドライバー不足はもとより、働き方改革によるいわゆる「物流の2024年問題」（令和6年〔2024〕4月以降、トラックドライバーの時間外労働時間に上限が設定されて物流コストの上昇などが見込まれること）なども想定されていなかった。鉄道という交通手段の存在意義に対する個々の国民の意見は、そうした鉄道以外の社会の変化によっても変わり得る。

環境問題との関係では、海外の動きにも左右されやすい。ヨーロッパ各国では2017年頃から、環境負荷が大きい航空機での移動を「飛び恥（フライト・シェイム）」と表現し、これを避ける環境運動が拡大している。夜間運行や専用車両の整備のためコストがかかり、いったんは縮小傾向にあった夜行列車が各国で復活しているのも、この運動が影響している。フランスでは2023年5月に、環境保護を理由として「高速鉄道で2時間半以内で代替輸送できる短距離航空路線は運航禁止」という法律が制定された。もしも日本で同様の法律が成立したら、東京〜大阪間や大阪〜福岡間は航空便がなくなって新幹線移動が最速の交通手段となる。

対象路線の赤字という当該鉄道会社の経営上の事情を除くと、環境問題にせよドライバー不足にせよ、あるいは非常時の代替ルート確保の要請にせよ、総じて鉄道の存続可能性を高める方向に作用しやすい事情が増えている。そうであれば、既存の鉄道路線の廃止にはなるべく慎重な姿勢で臨むことが重要となる。夜行列車を後年に再増便するのと異なり、線路はいったん剝がしたら再敷設はほぼ不可能だからだ。

特に、平時の運行実態はローカル線でも、いざというときには幹線級の役割を果たし得る〝ローカル幹線〟については、地元客が支払う運賃収入の多寡によってその存在意義を判断すると、日本全体にとって不都合で非現実的な結論になりかねない。その問題意識は、北海道新幹線の開業に伴う函館〜長万部間の在来線存廃の議論において顕在化した。今後、全国で問題となりつつある赤字ローカル線や並行在来線の存廃の議論において、当該鉄道会社や沿線市町村、都道府県レベルを超える国家レベル、国際レベルでの視点をどこまで重視し、採り入れていくかが、これからの日本の鉄道興亡史を大きく左右することになると思われる。

あとがき

本書の執筆にあたっては、過去の資料の渉猟のみに注力するのではなく、本文中で取り上げる日本全国の廃線跡を実際に訪ねて、現在の状況を直接見ることに努めた。廃線から長い歳月を経て、代替バス等も廃止されて公共交通機関が消滅したり、集落ごとなくなってしまった地域もある。カーナビの画面には廃線跡がはっきり表示されるわけではないので、１人でレンタカーを運転していると、目的地になかなか到達できないことも少なくなかった。

人里離れた山の中の廃線跡を辿るときは、必ずクマよけスプレーを携帯し、鈴を身につけて歩いた。雑木林の近くで大型の野生動物らしき物音と気配を感じ、首から提げた笛を思いっきり吹き鳴らして足早にその場を立ち去ったこともある（クマの生息地域とされる場所だったが、実際に何だったのかを確認する余裕はなかった）。

ときには身の危険も感じた現地取材ではあったが、得るものは多かった。本書は紀行作品ではないので、それらの現地探訪の成果は本文のごく一部や行間に織り込むにとどめたが、構成全体には大きな影響を与えている。特に、廃線前に乗車経験があった路線の跡を再訪したケースでは、古いアルバムから引っ張り出して持参した当時の写真の撮影場所を探し当てて、数十年ぶりの定点観測をすることで、曖昧になりつつあった乗車当時の記憶が細部まで呼び起こされることもしばしばだった。史実を語るうえで現地を直接見ることを積極的に後押ししていただいた、中公新書編集部の酒井孝博氏のご理解の賜物である。

中公新書は、後に紀行作家として数々の鉄道紀行作品を生み出した宮脇俊三を初代編集長として、昭和37年に創刊された。私は中学生の頃からその宮脇の著作を耽読し、ついにはラジオ番組で宮脇作品の魅力を毎週解説したり、その一連の放送内容を『宮脇俊三の紀行文学を読む』（中央公論新社、令和3年）という単行本にまとめて出版したりするに至った。その文章の冴えや表現力、それらを裏打ちする深い教養の蓄積ぶりを、没後20年が経った今もなお、私は遠い目標として追いかけ続けている。

その宮脇が創刊に携わった中公新書の作品群に自著が加わることを、私は若干の緊張感と望外の喜びをもって受け止めている。本書の執筆は、初代編集長が重視していた推敲を一文ごとに繰り返し、端的でわかりやすい文章を練り上げる難しさと大切さを改めて強く自覚する良い機会でもあった。その再認識の成果が、少しでも本文に活かされていることを祈りたい。

令和6年6月

著者

未来への展望まで』（清談社 Publico、令和５年）
小牟田哲彦『鉄道と国家――「我田引鉄」の近現代史　新装改訂版』（交通新聞社新書、令和５年）

本国有鉄道清算事業団、平成10年）
三宅俊彦（編）『改正「鉄道敷設法」別表を読む』（『旅』平成11年11月号別冊付録、JTB、平成11年）
運輸政策研究機構（編）『日本国有鉄道民営化に至る15年』（成山堂書店、平成12年）
宮脇俊三（編著）『鉄道廃線跡を歩くⅦ 地図から消えた鉄道実地踏査60』（JTB キャンブックス、平成12年）
北海道旅客鉄道株式会社（編）『有珠山噴火 鉄道輸送の挑戦』（北海道旅客鉄道株式会社、平成13年）
クリスチャン・ウルマー（著）／坂本憲一（監訳）『折れたレール——イギリス国鉄民営化の失敗』（ウェッジ、平成14年）
神戸新聞総合出版センター（編）『ひょうご懐かしの鉄道　廃線ノスタルジー』（神戸新聞総合出版センター、平成17年）
寺田裕一『私鉄の廃線跡を歩くⅢ 北陸・上越・近畿編 この50年間に廃止された全私鉄の現役時代と廃線跡を訪ねて』（JTB キャンブックス、平成20年）
岡本憲之『軽便鉄道時代 北海道から沖縄まで“せまいせんろ”の軌跡』（JTB キャンブックス、平成22年）
今尾恵介（編著）『新・鉄道廃線跡を歩くⅠ　北海道・北東北編』（JTB パブリッシング、平成22年）
佐藤信之『JR 北海道の危機——日本からローカル線が消える日』（イースト新書、平成29年）
佐藤信之『JR 九州の光と影——日本のローカル線は再生できるのか』（イースト新書、令和元年）
小牟田哲彦『改訂新版 大日本帝国の海外鉄道』（育鵬社、令和3年）
石井幸孝『国鉄—「日本最大の企業」の栄光と崩壊』（中公新書、令和4年）
市川嘉一『交通崩壊』（新潮新書、令和5年）
佐藤信之『日本のローカル線150年全史——その成り立ちから

主要参考文献一覧

＊定期刊行物は省略（本文中に引用したものを参照）

日本国有鉄道（編）『日本国有鉄道百年史　第１巻』（日本国有鉄道、昭和44年）

日本国有鉄道（編）『日本国有鉄道百年史　第７巻』（日本国有鉄道、昭和46年）

田中角栄『日本列島改造論』（日刊工業新聞社、昭和47年）

日本国有鉄道（編）『日本国有鉄道百年史　第10巻』（日本国有鉄道、昭和48年）

日本国有鉄道（編）『日本国有鉄道百年史　第11巻』（日本国有鉄道、昭和48年）

日本国有鉄道（編）『日本国有鉄道百年史　第12巻』（日本国有鉄道、昭和48年）

日本国有鉄道（編）『日本国有鉄道百年史　第14巻』（日本国有鉄道、昭和48年）

内田百閒『第二阿房列車』（旺文社文庫、昭和54年）

時刻表編集部（編）『ローカル線全ガイド　東日本』（日本交通公社出版事業局、昭和61年）

宮脇俊三『失われた鉄道を求めて』（文藝春秋、平成元年）

川島令三『全国鉄道事情大研究　大阪南部・和歌山篇』（草思社、平成５年）

宮脇俊三（編著）『鉄道廃線跡を歩く　失われた鉄道実地踏査60』（JTB キャンブックス、平成７年）

宮脇俊三（編著）『鉄道廃線跡を歩くII　実地踏査消えた鉄道60』（JTB キャンブックス、平成８年）

日本国有鉄道清算事業団（監修）、日本国有鉄道清算事業団総務部総務課（編）『国鉄清算事業団史――11年半の歩み』（日

DTP・市川真樹子

小牟田哲彦（こむた・てつひこ）

1975年（昭和50年）東京都生まれ．早稲田大学法学部卒業，筑波大学大学院ビジネス科学研究科企業科学専攻博士後期課程単位取得退学．日本および東アジアの近現代交通史や鉄道に関する研究・文藝活動を行う．日本文藝家協会会員．

主著『鉄馬は走りたい――南北朝鮮分断鉄道に乗る』（草思社，2004）
『去りゆく星空の夜行列車』（扶桑社，2009．草思社文庫，2015）
『鉄道と国家――「我田引鉄」の近現代史』（講談社現代新書，2012．新装改訂版，交通新聞社新書，2023）
『世界の鉄道紀行』（講談社現代新書，2014）
『大日本帝国の海外鉄道』（東京堂出版，2015，交通図書賞奨励賞受賞．改訂新版，育鵬社，2021）
『旅行ガイドブックから読み解く明治・大正・昭和日本人のアジア観光』（草思社，2019）
『宮脇俊三の紀行文学を読む』（中央公論新社，2021）
『「日本列島改造論」と鉄道――田中角栄が描いた路線網』（交通新聞社新書，2022）
『列車で越える世界の緊迫国境』（育鵬社，2023）
ほか

日本鉄道廃線史（にほんてつどうはいせんし）
中公新書 2810

2024年6月25日発行

著　者　小牟田哲彦
発行者　安部順一

本文印刷　三晃印刷
カバー印刷　大熊整美堂
製　　本　小泉製本

発行所　中央公論新社
〒100-8152
東京都千代田区大手町1-7-1
電話　販売 03-5299-1730
　　　編集 03-5299-1830
URL https://www.chuko.co.jp/

Published by CHUOKORON-SHINSHA, INC.
Printed in Japan　ISBN978-4-12-102810-5 C1265

中公新書刊行のことば

一九六二年一一月

いまからちょうど五世紀まえ、グーテンベルクが近代印刷術を発明したとき、書物の大量生産は潜在的可能性を獲得し、いまからちょうど一世紀まえ、世界のおもな文明国で義務教育制度が採用されたとき、書物の大量需要の潜在性が形成された。この二つの潜在性がはげしく現実化したのが現代である。

いまや、書物によって視野を拡大し、変りゆく世界に豊かに対応しようとする強い要求を私たちは抑えることができない。この要求にこたえる義務を、今日の書物は背負っている。だが、その義務は、たんに専門的知識の通俗化をはかることによって果たされるものでもなく、通俗的好奇心にうったえて、いたずらに発行部数の巨大さを誇ることによって果たされるものでもない。現代を真摯に生きようとする読者に、真に知るに価いする知識だけを選びだして提供すること、これが中公新書の最大の目標である。

私たちは、知識として錯覚しているものによってしばしば動かされ、裏切られる。私たちは、作為によってあたえられた知識のうえに生きることがあまりに多く、ゆるぎない事実を通して思索することがあまりにすくない。中公新書が、その一貫した特色として自らに課すものは、この事実のみの持つ無条件の説得力を発揮させることである。現代にあらたな意味を投げかけるべく待機している過去の歴史的事実もまた、中公新書によって数多く発掘されるであろう。

中公新書は、現代を自らの眼で見つめようとする、逞しい知的な読者の活力となることを欲している。

中公新書

現代史

f2

- 2570 佐藤栄作 村井良太
- 2186 田中角栄 早野透
- 1976 大平正芳 福永文夫
- 2351 中曽根康弘 服部龍二
- 2726 田中耕太郎―闘う司法の確立者、世界法の探究者 牧原出
- 2512 高坂正堯―戦後日本と現実主義 服部龍二
- 2710 日本インテリジェンス史 小谷賢
- 1574 海の友情 阿川尚之
- 1875 「国語」の近代史 安田敏朗
- 2075 歌う国民 渡辺裕
- 2332 「歴史認識」とは何か 大沼保昭 江川紹子
- 2624 「徴用工」問題とは何か 波多野澄雄
- 2359 竹島―もうひとつの日韓関係史 池内敏
- 1820 丸山眞男の時代 竹内洋
- 2714 国鉄―「日本最大の企業」の栄光と崩壊 石井幸孝
- 2237 四大公害病 政野淳子
- 1821 安田講堂 1968-1969 島泰三
- 2110 日中国交正常化 服部龍二
- 2150 近現代日本史と歴史学 成田龍一
- 2196 大原孫三郎―善意と戦略の経営者 兼田麗子
- 2317 歴史と私 伊藤隆
- 2627 戦後民主主義 山本昭宏
- 2342 沖縄現代史 櫻澤誠
- 2789 在日米軍基地 川名晋史
- 2543 日米地位協定 山本章子
- 2720 司馬遼太郎の時代 福間良明
- 2649 東京復興ならず 吉見俊哉
- 2733 日本の歴史問題(改題新版) 波多野澄雄
- 2810 日本鉄道廃線史 小牟田哲彦

中公新書

社会・生活

2484	社会学	加藤秀俊
1242	社会学講義	富永健一
1910	人口学への招待	河野稠果
2282	地方消滅	増田寛也編著
2333	地方消滅 創生戦略篇	増田寛也 冨山和彦
2715	縛られる日本人	メアリー・C・ブリントン 池村千秋訳
2794	流出する日本人―海外移住の光と影	大石奈々
2580	移民と日本社会	永吉希久子
2454	人口減少と社会保障	山崎史郎
2446	人口減少時代の土地問題	吉原祥子
2607	アジアの国民感情	園田茂人
1479	安心社会から信頼社会へ	山岸俊男
2322	仕事と家族	筒井淳也
2768	ジェンダー格差	牧野百恵
2737	不倫―実証分析が示す全貌	五十嵐彰 迫田さやか
2431	定年後	楠木新
2486	定年準備	楠木新
2577	定年後のお金	楠木新
2704	転身力	楠木新
2632	男が介護する	津止正敏
2488	ヤングケアラー―介護を担う子ども・若者の現実	澁谷智子
2138	ソーシャル・キャピタル入門	稲葉陽二
2184	コミュニティデザインの時代	山崎亮
1537	不平等社会日本	佐藤俊樹
2489	リサイクルと世界経済	小島道一
2604	SDGs（持続可能な開発目標）	蟹江憲史
2809	NPOとは何か	宮垣元